MASTERMIND PUZZLES

MASTERMIND PUZZLES

David Cheek

**Andrews McMeel
Publishing, LLC**
Kansas City

06 07 08 09 10 RR4 10 9 8 7 6 5 4 3 2 1

ISBN-13: 978-0-7407-6428-8
ISBN-10: 0-7407-6428-4

Puzzles supplied by
The Puzzle Society™

www.puzzlesociety.com
www.andrewsmcmeel.com

Attention: Schools And Businesses

Andrews McMeel books are available at quantity discounts with bulk purchase for educational, business, or sales promotional use. For information, please write to: Special Sales Department, Andrews McMeel Publishing, LLC, 4520 Main Street, Kansas City, Missouri 64111.

INTRODUCTION

The Sudoku Helper is a tool to help you solve Sudoku puzzles, especially the difficult ones found in this book. It is easy for anyone to use, and although it takes a few minutes to set up, it starts helping you immediately!

How to Use the Sudoku Helper

To use the Sudoku Helper, you'll first need to learn a few key terms:

- **Square**: Any one of the 81 individual squares found on a Sudoku puzzle
- **Box**: A 3 x 3 block made up of 9 squares
- **Helper Numbers**: The small preprinted numbers in each square of the Sudoku Helper grids

Now that you have the necessary terminology, let's get started!

1. Pick a Sudoku from the 200 challenging puzzles in this book.
2. Cross off all of the helper numbers in each square with a given number in it.
3. Look at the empty squares. Cross off all the helper numbers that you know won't work based on the locations of the given numbers. You should do this for each row, column, and box of every given number. Repeat this step each time you solve a number from your clues.

4. Each time you determine that a helper number won't work for a specific square, mark it off your grid.

5. As you complete these steps, periodically scan through the helper numbers for the possibility of finding one remaining helper number left in an entire row, column, or box. If you do find one, you can then fill that number in as an answer.

6. Don't give up! Soon the Sudoku Helper will show you the possible solutions for each of the squares.

Don't forget:
Each time you fill in an answer in your puzzle, you should cross off all of the corresponding helper numbers in its row, column, and box.

The Sudoku Helper simply works backward to solve for the answers. Instead of guessing what an answer is, you prove what the answer isn't. Plus, the Sudoku Helper keeps you organized while you complete your puzzle. With the guidance of the Sudoku Helper, you'll find that you can solve even these extremely difficult Sudoku puzzles!

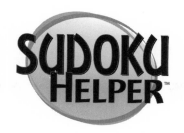

SUDOKU HELPER™

1

6		7	3		2			
	1	9						
2	4			9		6		8
5				8				1
3		8		6			4	5
						9	8	
			7		5	3		4

Time: ______________________

		2	6		3	4		
	5				7	1		8
9				8				7
1				4				6
2				3				5
3		7	5				9	
		8	2		1	6		

Time: _____

3

			2	8	1			
2	4	7						
						3		6
	8						9	4
			7	2	6			
1	7						5	
5		9						
						2	8	1
			1	4	3			

Time: _____

SUDOKU HELPER™

	9					4		
7	5	2						
		6	9		3			
8				4				6
3				1				7
9				5				2
			8		6	7		
						6	9	1
		7					2	

Time: _____

SUDOKU HELPER™

5

		5				6		2
1			2	5	3			
						1		
8								5
3			1	6	2			4
2								7
		3						
			7	4	8			1
5		1				9		

Time: _____

2		4	5	6	9			
6		3						2
	1			8			9	
	2			3			6	
	3			4			7	
9						8		3
			1	9	7	5		6

Time: _____

	4	9						8
						2	3	
1			9	5	3			
	3	6						
			8	4	1			
						7	9	
			6	7	2			5
	6	5						
9						6	1	

Time: _____

	3		4			5		
8			3			9		
7			2			1		
	6			9				
	5			7			8	
				1			3	
		4			8			2
		1			6			7
		3			5		9	

Time: _____

SUDOKU HELPER™

9

			4	1	6	2	5	
8						6	7	
5						3	8	
			6	2	7			
	9	1						4
	4	5						9
	2		5	3	1			
		6						

10

3	7	1						
							8	4
			2	3	6			
9		6		2				
		4		1		7		
				8		5		6
			4	5	7			
6	2							
						1	9	3

Time: _____

11

Time: _____

					5		1	4
3			7	2				5
							8	7
2								9
			4	5	6			
4								3
9	6							
7				1	9			2
5	8		3					

Time: _____

13

	3	4	6			9	7	
2			4			6		
9				6				4
1				2				6
7				5				8
		5			9			2
	7	8			3	5	1	

Time: _____

SUDOKU HELPER™

14

Time: _____

			6	5	4			
7	2							
						9	4	8
	1	8				2		
			9	2	3			
		3				5	6	
6	7	5						
							3	4
			1	7	2			

Time: _____

16

5	8							
					3	6	1	
			7	9	3			
7		3						2
			1	6	2			
9						5		4
			4	3	8			
1	9	6						
						7	2	

Time: _____

17

		8				2		
			4	1	3			
						6		3
4						5		8
8			6	9	2			7
6		3						1
9		4						
			7	8	5			
		2				1		

18

			2	6	3			1
						5		
	7	3					9	8
1								6
			5	3	8			
4								2
3	5					7	8	
		6						
8			7	9	4			

Time: _____

19

1 2 3 4 5 · 6 7 8 9	**2**	**5**	1 2 3 4 5 · 6 7 8 9	1 2 3 4 5 · 6 7 8 9	1 2 3 4 5 · 6 7 8 9	1 2 3 4 5 · 6 7 8 9	1 2 3 4 5 · 6 7 8 9	**8**
1 2 3 4 5 · 6 7 8 9	1 2 3 4 5 · 6 7 8 9	1 2 3 4 5 · 6 7 8 9	1 2 3 4 5 · 6 7 8 9	1 2 3 4 5 · 6 7 8 9	1 2 3 4 5 · 6 7 8 9	**7**	**6**	1 2 3 4 5 · 6 7 8 9
1 2 3 4 5 · 6 7 8 9	1 2 3 4 5 · 6 7 8 9	1 2 3 4 5 · 6 7 8 9	**9**	**1**	**4**	1 2 3 4 5 · 6 7 8 9	1 2 3 4 5 · 6 7 8 9	1 2 3 4 5 · 6 7 8 9
1 2 3 4 5 · 6 7 8 9	1 2 3 4 5 · 6 7 8 9	1 2 3 4 5 · 6 7 8 9	1 2 3 4 5 · 6 7 8 9	1 2 3 4 5 · 6 7 8 9	1 2 3 4 5 · 6 7 8 9	1 2 3 4 5 · 6 7 8 9	**5**	**3**
4	1 2 3 4 5 · 6 7 8 9	1 2 3 4 5 · 6 7 8 9	**3**	**2**	**1**	1 2 3 4 5 · 6 7 8 9	1 2 3 4 5 · 6 7 8 9	**9**
6	**3**	1 2 3 4 5 · 6 7 8 9	1 2 3 4 5 · 6 7 8 9	1 2 3 4 5 · 6 7 8 9	1 2 3 4 5 · 6 7 8 9	1 2 3 4 5 · 6 7 8 9	1 2 3 4 5 · 6 7 8 9	1 2 3 4 5 · 6 7 8 9
1 2 3 4 5 · 6 7 8 9	1 2 3 4 5 · 6 7 8 9	1 2 3 4 5 · 6 7 8 9	**7**	**8**	**6**	1 2 3 4 5 · 6 7 8 9	1 2 3 4 5 · 6 7 8 9	1 2 3 4 5 · 6 7 8 9
1 2 3 4 5 · 6 7 8 9	**9**	**3**	1 2 3 4 5 · 6 7 8 9	1 2 3 4 5 · 6 7 8 9	1 2 3 4 5 · 6 7 8 9	1 2 3 4 5 · 6 7 8 9	1 2 3 4 5 · 6 7 8 9	1 2 3 4 5 · 6 7 8 9
7	1 2 3 4 5 · 6 7 8 9	1 2 3 4 5 · 6 7 8 9	1 2 3 4 5 · 6 7 8 9	1 2 3 4 5 · 6 7 8 9	1 2 3 4 5 · 6 7 8 9	**1**	**2**	1 2 3 4 5 · 6 7 8 9

Time: _____

			9	5	6	7		
		1						
4								2
9		7				5		4
			6	9	8			
6		3				1		8
2								6
						4		
		8	4	7	3			

Time: _____

21

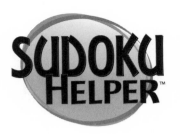

SUDOKU HELPER™

2	6	7						
				9	7	1		
					4	8		
3						7	5	
			3	6	1			
	4	8						6
		3	8					
		1	5	2				
						4	2	9

Time: ____________________

	2			3	9			
		8	5					6
		5						2
	4			1			8	
	6			2			7	
	3			9			5	
9						1		
2					7	4		
			6	8			2	

Time: _____

SUDOKU HELPER™

24

8	7			3				
		5					2	
		1	4				7	
3				1				9
1				5				8
7				6				2
	6				9	5		
	2					1		
				8			4	3

Time: _____

		2		3		1		
		4	9		7			
		6					8	
1				5				3
4				7				2
8				6				9
	3					6		
			4		1	7		
		5		8		9		

Time: _____

SUDOKU HELPER™

26

	2				7		5	
			6	3	4			
						3	4	9
	7			4				
		6		9		8		
				5			1	
1	5	9						
			8	7	3			
	8		5				2	

Time: _____

2	1		3		5			
	6		7					
				4	2			8
								2
7			4	9	8			3
3								
4			8	7				
					4		3	
			1		3		6	9

Time: _____

28

			9	1	7			
							2	7
4	5						6	
		4			6	5		
		9		3		1		
		8	4			3		
	7						4	8
6	3							
			5	7	2			

Time: _____

29

						1	4	5
	9	2						
1			6	7				
	7	4						
5			1	8	6			7
						3	6	
				9	2			1
						7	8	
3	6	1						

Time: _____

			2	3	9	1		7
		3						6
4						8		
9						4		
			7	8	1			
		5						2
		6						3
7						9		
8		9	3	5	4			

Time: _____

31

			9	8	4		1	
		3					6	
		4					2	8
1							9	
			7	5	2			
	6							4
2	9					6		
	7					5		
	5		1	3	8			

Time: _____

6				5		2		
9			8					
5			1			7		
	1			7			3	
	8			2			6	
	4			9			5	
		7			3			5
					5			4
		2		6				9

Time: _____

SUDOKU HELPER™

33

	4	1						
			9	7	8			
						2	3	8
		9						5
1			8	2	3			4
6						7		
7	5	8						
			4	1	2			
						9	6	

Time: _____

1 2 3 4 5	1 2 3 4 5	1 2 3 4 5	1 2 3 4 5	1 2 3 4 5	1 2 3 4 5	1 2 3 4 5	1 2 3 4 5	1 2 3 4 5
6 7 8 9	**8** 6 7 8 9	6 7 8 9	6 7 8 9	6 7 8 9	6 7 8 9	**7** 6 7 8 9	**9** 6 7 8 9	6 7 8 9
1 2 3 4 5	1 2 3 4 5	1 2 3 4 5	1 2 3 4 5	1 2 3 4 5	1 2 3 4 5	1 2 3 4 5	1 2 3 4 5	1 2 3 4 5
6 7 8 9	6 7 8 9	**4** 6 7 8 9	6 7 8 9	6 7 8 9	**5** 6 7 8 9	6 7 8 9	**1** 6 7 8 9	6 7 8 9
1 2 3 4 5	1 2 3 4 5	1 2 3 4 5	1 2 3 4 5	1 2 3 4 5	1 2 3 4 5	1 2 3 4 5	1 2 3 4 5	1 2 3 4 5
6 7 8 9	6 7 8 9	**1** 6 7 8 9	6 7 8 9	6 7 8 9	**3** 6 7 8 9	6 7 8 9	**4** 6 7 8 9	6 7 8 9
1 2 3 4 5	1 2 3 4 5	1 2 3 4 5	1 2 3 4 5	1 2 3 4 5	1 2 3 4 5	1 2 3 4 5	1 2 3 4 5	1 2 3 4 5
8 6 7 8 9	6 7 8 9	6 7 8 9	6 7 8 9	**2** 6 7 8 9	6 7 8 9	6 7 8 9	6 7 8 9	6 7 8 9
1 2 3 4 5	1 2 3 4 5	1 2 3 4 5	1 2 3 4 5	1 2 3 4 5	1 2 3 4 5	1 2 3 4 5	1 2 3 4 5	1 2 3 4 5
9 6 7 8 9	6 7 8 9	6 7 8 9	6 7 8 9	**1** 6 7 8 9	6 7 8 9	6 7 8 9	6 7 8 9	**4** 6 7 8 9
1 2 3 4 5	1 2 3 4 5	1 2 3 4 5	1 2 3 4 5	1 2 3 4 5	1 2 3 4 5	1 2 3 4 5	1 2 3 4 5	1 2 3 4 5
6 7 8 9	6 7 8 9	6 7 8 9	6 7 8 9	**7** 6 7 8 9	6 7 8 9	6 7 8 9	6 7 8 9	**6** 6 7 8 9
1 2 3 4 5	1 2 3 4 5	1 2 3 4 5	1 2 3 4 5	1 2 3 4 5	1 2 3 4 5	1 2 3 4 5	1 2 3 4 5	1 2 3 4 5
6 7 8 9	**3** 6 7 8 9	6 7 8 9	**6** 6 7 8 9	6 7 8 9	6 7 8 9	**2** 6 7 8 9	6 7 8 9	6 7 8 9
1 2 3 4 5	1 2 3 4 5	1 2 3 4 5	1 2 3 4 5	1 2 3 4 5	1 2 3 4 5	1 2 3 4 5	1 2 3 4 5	1 2 3 4 5
6 7 8 9	**5** 6 7 8 9	6 7 8 9	**4** 6 7 8 9	6 7 8 9	6 7 8 9	**1** 6 7 8 9	6 7 8 9	6 7 8 9
1 2 3 4 5	1 2 3 4 5	1 2 3 4 5	1 2 3 4 5	1 2 3 4 5	1 2 3 4 5	1 2 3 4 5	1 2 3 4 5	1 2 3 4 5
6 7 8 9	**7** 6 7 8 9	**6** 6 7 8 9	6 7 8 9	6 7 8 9	6 7 8 9	6 7 8 9	**8** 6 7 8 9	6 7 8 9

Time: _____

	8	3			6	1		
	9				4	5		3
4				1				5
3				5				9
2				8				7
1		6	9				3	
		5	7			4	2	

Time: _____

36

			4			5		1
			8			2		
2	4	3						
8	1			7				
	6			9			1	
				6			2	4
						9	6	8
		5			2			
7		6			3			

Time: _____

37

						6		
			3	4	1			
8	9	4						7
2	7	3						
			8	9	6			
						5	4	1
4						7	2	8
			7	6	5			
		1						

Time: _____

38

5						9	4	
	8	4						1
			2	6	4			
	1	6						
			4	9	7			
						5	3	
			8	1	3			
9						6	7	
	5	2						4

Time: _____

	4					5	1	
			8		4	2		
9	3	6						
				3				8
5				1				9
7				2				
						3	4	5
		5	7		1			
	9	2					6	

Time: _____

40

1 2 3 4 5 6 7 8 9	1 2 3 4 5 6 7 8 9	1 2 3 4 5 6 7 8 9	1 2 3 4 5 6 7 8 9	1 2 3 4 5 6 7 8 9	1 2 3 4 5 6 7 8 9	1 2 3 4 5 3 6 7 8 9	1 2 3 4 5 6 7 8 9	1 2 3 4 5 6 7 8 9
1 2 3 4 5 6 7 8 9	1 2 3 4 5 6 7 8 9	1 2 3 4 5 6 7 8 9	1 2 3 4 5 5 6 7 8 9	1 2 3 4 5 6 7 8 9	1 2 3 4 5 6 7 8 9	1 2 3 4 5 6 7 8 9	1 2 3 4 5 6 7 8 9	1 2 3 4 5 1 6 7 8 9
1 2 3 4 5 9 6 7 8 9	1 2 3 4 5 6 7 8 9	1 2 3 4 5 6 7 8 9	1 2 3 4 5 6 6 7 8 9	1 2 3 4 5 2 6 7 8 9	1 2 3 4 5 6 7 8 9	1 2 3 4 5 6 7 8 9	1 2 3 4 5 6 7 8 9	1 2 3 4 5 7 6 7 8 9
1 2 3 4 5 6 7 8 9	1 2 3 4 5 5 6 7 8 9	1 2 3 4 5 6 7 8 9	1 2 3 4 5 6 7 8 9	1 2 3 4 5 6 7 8 9	1 2 3 4 5 6 7 8 9	1 2 3 4 5 2 6 7 8 9	1 2 3 4 5 6 6 7 8 9	1 2 3 4 5 6 7 8 9
1 2 3 4 5 8 6 7 8 9	1 2 3 4 5 6 7 8 9	1 2 3 4 5 6 7 8 9	1 2 3 4 5 9 6 7 8 9	1 2 3 4 5 7 6 7 8 9	1 2 3 4 5 2 6 7 8 9	1 2 3 4 5 6 7 8 9	1 2 3 4 5 6 7 8 9	1 2 3 4 5 5 6 7 8 9
1 2 3 4 5 6 7 8 9	1 2 3 4 5 4 6 7 8 9	1 2 3 4 5 9 6 7 8 9	1 2 3 4 5 6 7 8 9	1 2 3 4 5 6 7 8 9	1 2 3 4 5 6 7 8 9	1 2 3 4 5 6 7 8 9	1 2 3 4 5 8 6 7 8 9	1 2 3 4 5 6 7 8 9
1 2 3 4 5 7 6 7 8 9	1 2 3 4 5 6 7 8 9	1 2 3 4 5 6 7 8 9	1 2 3 4 5 6 7 8 9	1 2 3 4 5 9 6 7 8 9	1 2 3 4 5 4 6 7 8 9	1 2 3 4 5 6 7 8 9	1 2 3 4 5 6 7 8 9	1 2 3 4 5 2 6 7 8 9
1 2 3 4 5 3 6 7 8 9	1 2 3 4 5 6 7 8 9	1 2 3 4 5 6 7 8 9	1 2 3 4 5 6 7 8 9	1 2 3 4 5 6 7 8 9	1 2 3 4 5 1 6 7 8 9	1 2 3 4 5 6 7 8 9	1 2 3 4 5 6 7 8 9	1 2 3 4 5 6 7 8 9
1 2 3 4 5 6 7 8 9	1 2 3 4 5 6 7 8 9	1 2 3 4 5 8 6 7 8 9	1 2 3 4 5 6 7 8 9	1 2 3 4 5 6 7 8 9	1 2 3 4 5 6 7 8 9	1 2 3 4 5 6 7 8 9	1 2 3 4 5 6 7 8 9	1 2 3 4 5 6 7 8 9

Time: _____

41

Time: _____

Time: _____

43

	8	5	6	9				
2		4	8				3	
1				3				6
7				5				3
8				2				9
	2				7	1		5
				6	3	8	4	

Time: _____

SUDOKU HELPER™

44

5			7					1
	1				9	3		
					8	2		
4				1				7
8				3				5
6				5				9
		5	2					
		9	4				8	
7					6			2

Time: _____

	2					**7**		
7			**8**				**6**	**1**
5			**4**				**3**	
				3		**5**		
		7		**5**		**4**		
		6		**9**				
	3				**2**			**7**
4	**9**				**1**			**8**
		1					**9**	

Time: _____

46

9			5					
2	4		9					3
	7		2					
		2		1		6		
		1		8		4		
		5		6		9		
					7		1	
6					3		5	4
					4			8

Time: _____

SUDOKU
HELPER™

47

Time: _____

		8	5					3
			3					2
		7	2					9
	6			7			3	
	4			9			5	
	9			1			8	
9					6	7		
2					8			
3					4	1		

Time: _____

Time: _____

7			9	8				
			4				2	
3			2				8	
		6		5		1		
		7		2		3		
		9		7		5		
	5				2			7
1					3			
				6	8			4

Time: _____

51

		7				1		
							6	8
			4	1	9			3
4						7		
2			6	8	3			5
		3						2
8			2	5	7			
1		6						
		9				3		

Time: _____

52

1	3		7		6			
6	9		2					8
		2		6		5		
		5		4		1		
		6		3		9		
7					1		6	2
			9		8		5	4

Time: _____

53

9			2	7				
						3	5	1
	6	8						
	7	5						9
			5	6	3			
1						6	4	
						7	2	
3	5	4						
				9	8			4

Time: _____

54

5	2	9						
						3	6	7
			1	4	8			
6	4							
			3	7	9			
							2	5
			8	6	5			
8	7	1						
						9	8	4

Time: _____

55

		7		9	3			1
3		5					8	
		1			6		4	
								7
			2	8	5			
6								
	2		7			4		
	4					1		3
9			3	5		6		

Time: _____

56

			5	8	6			
						3	8	4
2						6	5	
	1						9	
			6	4	2			
	5						7	
	7	8						5
1	9	4						
			7	3	1			

Time: _____

	6	5						
7			9	5	4			
						2		3
	8						6	7
			7	1	3			
3	9						4	
2		4						
			6	8	5			2
						7	1	

Time: _____

58

Time: _____

SUDOKU HELPER

59

						4	1	
3	6	9						
1			3	2	8			
		1						6
			7	9	5			
4						3		
			6	3	1			2
						6	7	9
	8	5						

Time: _____

SUDOKU HELPER™

60

				7	5	3	1	9
						6		
					3	8		
	2						4	
6			1	8	9			5
	5						7	
		3	4					
		1						
8	4	5	2	6				

Time: ______________________

SUDOKU HELPER™

61

Time: _____

	9					6		
	1	5				2		
3			4	8	7			5
	4							
			5	3	9			
6							7	8
		2	1	5	4	9	5	
		8					3	

Time: _____

63

						4	8	5
6	9	8						
			2	8				1
				3	7			
			1	9	6			
	8	2						
8				5	4			
						2	1	9
9	3	7						

Time: _____

		9		5	7	8	1	
							2	3
	3	5		2				6
	4			9			7	
6				8		4	9	
4	2							
	8	7	6	1		5		

Time: _____

SUDOKU HELPER™

65

Sudoku puzzle grid (given numbers shown; blank cells contain candidate digits 1–9):

.	.	.	6	8	.	9	.	7
.	.	.	.	.	.	.	2	4
.	.	.	.	.	.	.	.	.
3	7	.	.	1	.	.	4	6
.	1	.	.	2	.	.	8	.
9	6	.	.	4	.	.	5	3
.	.	.	.	.	.	.	.	.
1	5	.	.	.	.	.	.	.
8	.	.	6	.	3	9	.	.

Time: _____

Time: _____

67

							8	2
7			9	1	6			
	3	4						1
						5	6	
			4	3	7			
	1	9						
6						7	9	
			5	6	8			4
2	8							

Time: _____

1 2 3 4 5 **1** 6 7 8 9	1 2 3 4 5 6 7 8 9	1 2 3 4 5 6 7 8 9	1 2 3 4 5 6 7 8 9	1 2 3 4 5 6 7 8 9	1 2 3 4 5 **7** 6 7 8 9	1 2 3 4 5 **6** 6 7 8 9	1 2 3 4 5 **2** 6 7 8 9	1 2 3 4 5 6 7 8 9
1 2 3 4 5 6 7 8 9	1 2 3 4 5 6 7 8 9	1 2 3 4 5 6 7 8 9	1 2 3 4 5 6 7 8 9	1 2 3 4 5 **5** 6 7 8 9	1 2 3 4 5 **1** 6 7 8 9	1 2 3 4 5 6 7 8 9	1 2 3 4 5 6 7 8 9	1 2 3 4 5 6 7 8 9
1 2 3 4 5 **8** 6 7 8 9	1 2 3 4 5 6 7 8 9	1 2 3 4 5 6 7 8 9	1 2 3 4 5 6 7 8 9	1 2 3 4 5 6 7 8 9	1 2 3 4 5 6 7 8 9	1 2 3 4 5 **7** 6 7 8 9	1 2 3 4 5 6 7 8 9	1 2 3 4 5 6 7 8 9
1 2 3 4 5 6 7 8 9	1 2 3 4 5 **8** 6 7 8 9	1 2 3 4 5 6 7 8 9	1 2 3 4 5 6 7 8 9	1 2 3 4 5 6 7 8 9	1 2 3 4 5 6 7 8 9	1 2 3 4 5 **5** 6 7 8 9	1 2 3 4 5 **3** 6 7 8 9	1 2 3 4 5 6 7 8 9
1 2 3 4 5 6 7 8 9	1 2 3 4 5 6 7 8 9	1 2 3 4 5 6 7 8 9	1 2 3 4 5 **9** 6 7 8 9	1 2 3 4 5 **8** 6 7 8 9	1 2 3 4 5 **6** 6 7 8 9	1 2 3 4 5 6 7 8 9	1 2 3 4 5 6 7 8 9	1 2 3 4 5 6 7 8 9
1 2 3 4 5 6 7 8 9	1 2 3 4 5 **7** 6 7 8 9	1 2 3 4 5 **4** 6 7 8 9	1 2 3 4 5 6 7 8 9	1 2 3 4 5 6 7 8 9	1 2 3 4 5 6 7 8 9	1 2 3 4 5 6 7 8 9	1 2 3 4 5 **9** 6 7 8 9	1 2 3 4 5 6 7 8 9
1 2 3 4 5 6 7 8 9	1 2 3 4 5 6 7 8 9	1 2 3 4 5 **5** 6 7 8 9	1 2 3 4 5 6 7 8 9	1 2 3 4 5 6 7 8 9	1 2 3 4 5 6 7 8 9	1 2 3 4 5 6 7 8 9	1 2 3 4 5 6 7 8 9	1 2 3 4 5 **9** 6 7 8 9
1 2 3 4 5 6 7 8 9	1 2 3 4 5 6 7 8 9	1 2 3 4 5 6 7 8 9	1 2 3 4 5 **3** 6 7 8 9	1 2 3 4 5 **2** 6 7 8 9	1 2 3 4 5 6 7 8 9	1 2 3 4 5 6 7 8 9	1 2 3 4 5 6 7 8 9	1 2 3 4 5 6 7 8 9
1 2 3 4 5 6 7 8 9	1 2 3 4 5 **1** 6 7 8 9	1 2 3 4 5 **6** 6 7 8 9	1 2 3 4 5 **5** 6 7 8 9	1 2 3 4 5 6 7 8 9	1 2 3 4 5 6 7 8 9	1 2 3 4 5 6 7 8 9	1 2 3 4 5 6 7 8 9	1 2 3 4 5 **4** 6 7 8 9

Time: _____

69

		1	5				4	
			2		9			7
		5						8
	4			7			3	
	6			5			2	
	5			8			9	
9						3		
8			1		6			
	2				4	6		

SUDOKU HELPER™

70

						9	6	5
4		7			9			
9				2	1			
						2	8	
			1	9	7			
	6	3						
			4	6				8
			5			3		1
2	8	5						

Time: _____

9	8	5			4			
							3	6
3		4		8			1	9
2				7				3
8	1			9		5		4
1	6							
			2			8	6	7

Time: _____

			7	4	6			
	3					2		
	8	6				5		
1					3		2	
6				5				8
	9		2					7
		5				8	3	
		4					1	
			9	7	8			

Time: _____

SUDOKU HELPER™

73

					4			
5				8	3			2
	1	6						7
	8					1	9	
			8	7	5			
	3	2					7	
4						8	5	
8			5	6				3
			9					

Time: _____

74

			3	5				8
		1					6	
		2			4		7	
7				2				4
1				8				5
3				9				1
	6		1			9		
	8					3		
4				6	2			

Time: _____

SUDOKU HELPER™

		5		6				
			2			1	6	
6	8	4						
8				9				5
3				1				4
7				8				6
						9	7	1
	2	9			8			
				3		4		

Time: _____

		3				1		8
			1				5	
6	9		7					
				9		3		1
		5		4		6		
7		2		6				
					3		2	9
	5				8			
8		4				7		

Time: _____

			8				3	
4	1	6						
					7	4		9
9	4			5				
	3			2			6	
				1			5	8
5		1	9					
						1	7	6
	2				4			

Time: _____

78

		6				4		5
			3	2	7			1
9								
		8				2		3
			6	3	8			
7		4				9		
								6
6			1	4	5			
3		2				8		

Time: _____

1			8			5		
	8					2		
2			6	3				
	4	3						8
			7	5	9			
5						6	1	
				8	7			6
		2					7	
		9			4			3

Time: _____

2			1			5		3
	7	1						
			9	6				
	4	3						
9			8	5	1			7
						9	6	
				7	3			
						2	4	
5		9			4			8

Time: _____

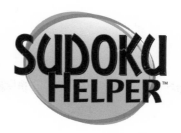

SUDOKU HELPER™

81

					5	3	2	
9							1	
3			4				6	
		4		1		8		
		5		3		9		
		7		6		4		
	4				3			7
	6							5
	1	8	2					

Time: ______________________

82

		7			5		3	
		8			2		9	
		1					4	
3				1				8
6				4				5
5				7				2
	9					6		
	4		3			1		
	2		8			7		

Time: _____

83

7		1						3
4			9			2		
			5			8		
	6			8			5	
	2			3			1	
	5			4			9	
		8			2			
		3			1			5
9						6		7

Time: _____

84

		3					7	
					2		1	
				8	6		4	2
						9	3	
2			6	4	1			5
	1	7						
6	8		1	3				
	5		9					
	7					4		

Time: _____

85

7					2		1	
6								8
				3	5			
		5				2	8	
3			1	6	8			9
	9	4				3		
			2	1				
9								4
	8		7					6

Time: _____

86

8						6	5	
	4	9						
			1	8	2			9
	5	7						
			4	3	6			
						8	6	
2			8	5	9			
						3	7	
	1	6						2

Time: _____

.	9	.	.	4	5	.	.	6
.	.	.	.	.	.	.	.	.
3	.	.	7	.	1	.	.	8
.	.	4	.	8	.	1	.	.
.	.	1	.	5	.	9	.	.
.	.	3	.	2	.	7	.	.
7	.	.	4	.	6	.	.	1
.	.	.	.	.	.	.	.	.
.	8	2	.	1	.	.	3	.

Time: _____

SUDOKU HELPER™

88

8				3		5		
					7			9
					6	1		4
				5		7	3	
	9			2			5	
	5	6		4				
2		7	3					
6			1					
		4		7				8

Time: _____

89

			2				5	7
						1	9	
5	4	3						
4	9			6				
8				4				9
				7			2	5
						8	3	6
	6	4						
7	8				1			

Time: _____

90

	6	5			9			
	3							8
			1	8				6
					3	7	4	
		4		2		6		
	8	9	6					
1				7	5			
6							3	
			4			1	2	

Time: _____

			6		8			
6						1		2
7		3						8
	4			3			7	
	9			6			8	
	1			2			5	
9						8		4
2		1						3
			5		9			

Time: _____

92

						6	2	
9			4	7				
5			1					3
	1	4						
3			5	9	7			6
						8	3	
4					1			7
				3	2			5
	6	8						

Time: _____

SUDOKU HELPER™

			5					7
6			2	8				
4						3	2	
	2	7					4	
			3	6	1			
	5					9	1	
	1	3						9
				3	9			5
8					4			

Time: _____

SUDOKU HELPER™

Time: _____

	1	**6**						
2			**9**	**4**				
						7	**2**	**3**
9	**4**	**7**						
			3	**6**	**2**			
						8	**1**	**5**
4	**5**	**3**						
				8	**1**			**4**
						9	**6**	

Time: _____

			5			4	3	
	1				8			
	2				7	5		
				5		6		7
8				4				2
6		9	1					
		7	9				6	
			3				1	
	8	5			4			

96

Time: _____

		4				8	9	
		5				6		
			2	7	6			1
1								6
			4	1	3			
2								8
3			9	8	5			
		1				7		
	6	9				3		

Time: _____

98

						4	3	
			8		2	7	5	
1	7	6						
				1				5
2				3				7
7				9				
						1	8	2
	2	1	5		6			
	9	4						

Time: _____

		5			3			1
	8		2					
	3		4		5			
				9		7		3
		9		6		4		
3		1		5				
			7		8		2	
					9		6	
4			6			9		

100

					7	5		
6				1	3	4		
	8					2		
						1	9	
4			5	6	8			7
	2	6						
		9					8	
		8	1	4				3
		7	2					

Time: _____

101

	5	8						
			6	1				
3			9			4		7
4	9	1						
			8	3	7			
						6	5	2
7		6			9			3
				4	2			
						9	8	

Time: _____

102

	5	8						
			3				8	4
1	3							2
		6		2		8		
		3		1		7		
		4		9		5		
3							6	7
7	9				8			
						9	1	

Time: _____

7								5
	2				4			6
	1				3			7
		8		2		7		
		4		6		1		
		9		4		3		
4			8				9	
6			7				4	
5								3

Time: _____

104

						7		4
			2	3	6		9	
1						8		
	9	2						7
			8	7	1			
3						6	5	
		9						3
	3		5	4	9			
7		6						

Time: _____

105

	6	9						
		4	8	1				2
7			9				5	
	1	5						
			2	6	3			
						4	9	
	3				2			8
9				4	5	2		
						1	7	

Time: _____

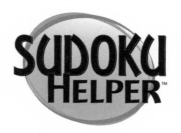

SUDOKU HELPER™

106

		2			9	7		
		6			4			
		9			5		1	
3				1				5
4				9				2
9				8				6
	8		9			6		
			6			5		
		1	7			3		

Time: ______________________

SUDOKU HELPER™

107

						6	7	
7			3	4	2			1
	9	5						
		7						6
			4	9	5			
8						2		
						8	5	
2			5	6	1			9
	3	4						

Time: _____

108

						8	7	3
	1	6						
			2	4				5
4						2	9	
			3	1	9			
	9	7						6
1				7	8			
						9	4	
3	2	5						

Time: _____

4						2		
			1			5	3	4
9			2					
	8	2		7				
	9			6			4	
				3		1	7	
					8			7
6	1	3			9			
		5						6

Time: _____

110

			5	3			9	
6			1				4	
	3	2						
	4	8						
3			9	8	1			5
						7	6	
						8	3	
	1				6			2
	9			2	4			

Time: _____

	1							3
3					2		6	
4					9		8	
		6		5		4		
		2		7		5		
		3		8		1		
	8		1					7
	2		3					9
5							2	

Time: _____

						1	6	
			9	5	7			
5	2	4						
							5	2
9			4	1	8			3
7	3							
						3	9	6
			5	6	2			
	1	8						

Time: _____

	5							7
9			3			4		
6	4		1					
	8	5		2				
	7			6			4	
				9		5	3	
					4		6	5
		2			8			4
1							9	

114

			8	1	3			
3						2	9	
	5	7						
						4	8	
8			9	7	2			3
	6	1						
						6	5	
	8	9						7
			3	6	4			

Time: _____

			3	5	2			
8			9				6	
5							7	
		1		3		9		
		4		6		8		
		3		7		2		
	7							1
	2				1			3
			8	4	5			

Time: _____

SUDOKU HELPER™

116

		9	2		7		3	
							8	1
2		7		8			9	4
		1		4		3		
3	9			5		6		8
5	4							
	1		6		9	2		

Time: _____

SUDOKU HELPER™

	5	7						
6			7	5				3
2			8				4	
						7	2	
			3	4	6			
	9	1						
	7				3			8
4				2	5			6
						9	1	

Time: _____

2			9				8	7
	9	1						
			2	4			3	
		6				1		
			7	9	4			
		5				2		
	8			3	5			
						4	5	
5	7				1			6

119

Time: _____

SUDOKU HELPER™

120

	9					3	8	
4			6					
1			9				4	
		3		4		2		
		6		8		9		
		7		5		4		
	5				7			3
					1			4
	2	1					6	

Time: _____

121

Time: _____

122

2	5	1						
			4			3	7	
			9	5				8
6						4		
			7	1	8			
		3						9
8				6	3			
	1	7			5			
						2	5	1

Time: _____

123

		2						5
8	3		1					
	6		7			4		
				6			8	7
7				5				3
4	9			2				
		5			3		2	
					4		6	9
1						7		

Time: _____

124

	5	7	3	1			8	6
					8		3	
8				3				5
7				2				1
6			9					7
	2		5					
5	1			7	6	4	9	

Time: _____

SUDOKU HELPER™

125

4				2	6	7		1
	7							3
					1	4		
						9	5	
			8	7	3			
	4	1						
		2	9					
5							8	
6		3	2	1				7

Time: _____

126

	9		3	8	6		7	
		7						9
		5					4	
1								2
			5	4	7			
3								8
	4					3		
	2					6		
	8		1	3	9		2	

Time: _____

		7		4	8			
		9						3
1		6					5	
	5						9	
6			9	1	2			4
	7						8	
	9					2		5
4						7		
			3	6		9		

Time: _____

Time: _____

129

		6					4	
			8	7			3	
2			3				9	
	5	7						2
			6	3	4			
9						1	8	
	7				2			3
	8			1	9			
	4					5		

Time: _____

SUDOKU HELPER™

130

	7					6		8
	3		9	2	1			
	5					2		
							5	9
			3	8	7			
6	4							
		3					2	
			1	5	6		4	
4		1					6	

Time: ____________________

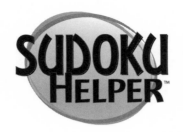

		8		5				2
4			1					
			3	6	4			
	6			2			4	
	3			9			7	
	5			7			8	
			6	1	7			
					5			9
1				4		3		

Time: _____

	9	5				6		
	4		8			3		
			2			7		
5				7				4
3				2				9
6				1				2
		2			4			
		6			5		8	
		7				4	1	

Time: _____

133

SUDOKU HELPER™

134

	3		6			2		
			4	1		9		
	8					7		
	9							6
1			3	9	2			5
4							9	
		6					1	
		9		7	8			
		2			9		3	

Time: _____

135

1 2 3 4 5 6 7 8 9	1 2 3 4 5 6 7 8 9	1 2 3 4 5 6 7 8 9	1 2 3 4 5 **6** 6 7 8 9	1 2 3 4 5 **4** 6 7 8 9	1 2 3 4 5 **7** 6 7 8 9	1 2 3 4 5 6 7 8 9	1 2 3 4 5 6 7 8 9	1 2 3 4 5 6 7 8 9
1 2 3 4 5 **5** 6 7 8 9	1 2 3 4 5 6 7 8 9	1 2 3 4 5 **8** 6 7 8 9	1 2 3 4 5 6 7 8 9	1 2 3 4 5 6 7 8 9	1 2 3 4 5 6 7 8 9	1 2 3 4 5 6 7 8 9	1 2 3 4 5 6 7 8 9	1 2 3 4 5 **1** 6 7 8 9
1 2 3 4 5 6 7 8 9	1 2 3 4 5 6 7 8 9	1 2 3 4 5 6 7 8 9	1 2 3 4 5 6 7 8 9	1 2 3 4 5 6 7 8 9	1 2 3 4 5 6 7 8 9	1 2 3 4 5 6 7 8 9	1 2 3 4 5 6 7 8 9	1 2 3 4 5 6 7 8 9
1 2 3 4 5 **2** 6 7 8 9	1 2 3 4 5 6 7 8 9	1 2 3 4 5 **1** 6 7 8 9	1 2 3 4 5 6 7 8 9	1 2 3 4 5 6 7 8 9	1 2 3 4 5 6 7 8 9	1 2 3 4 5 **7** 6 7 8 9	1 2 3 4 5 **5** 6 7 8 9	1 2 3 4 5 6 7 8 9
1 2 3 4 5 6 7 8 9	1 2 3 4 5 **7** 6 7 8 9	1 2 3 4 5 6 7 8 9	1 2 3 4 5 **3** 6 7 8 9	1 2 3 4 5 **5** 6 7 8 9	1 2 3 4 5 **1** 6 7 8 9	1 2 3 4 5 6 7 8 9	1 2 3 4 5 **2** 6 7 8 9	1 2 3 4 5 6 7 8 9
1 2 3 4 5 6 7 8 9	1 2 3 4 5 **9** 6 7 8 9	1 2 3 4 5 **5** 6 7 8 9	1 2 3 4 5 6 7 8 9	1 2 3 4 5 6 7 8 9	1 2 3 4 5 6 7 8 9	1 2 3 4 5 **4** 6 7 8 9	1 2 3 4 5 6 7 8 9	1 2 3 4 5 **6** 6 7 8 9
1 2 3 4 5 6 7 8 9	1 2 3 4 5 6 7 8 9	1 2 3 4 5 6 7 8 9	1 2 3 4 5 6 7 8 9	1 2 3 4 5 6 7 8 9	1 2 3 4 5 6 7 8 9	1 2 3 4 5 6 7 8 9	1 2 3 4 5 6 7 8 9	1 2 3 4 5 6 7 8 9
1 2 3 4 5 **1** 6 7 8 9	1 2 3 4 5 6 7 8 9	1 2 3 4 5 6 7 8 9	1 2 3 4 5 6 7 8 9	1 2 3 4 5 6 7 8 9	1 2 3 4 5 6 7 8 9	1 2 3 4 5 **3** 6 7 8 9	1 2 3 4 5 6 7 8 9	1 2 3 4 5 **2** 6 7 8 9
1 2 3 4 5 6 7 8 9	1 2 3 4 5 6 7 8 9	1 2 3 4 5 6 7 8 9	1 2 3 4 5 **9** 6 7 8 9	1 2 3 4 5 **6** 6 7 8 9	1 2 3 4 5 **8** 6 7 8 9	1 2 3 4 5 6 7 8 9	1 2 3 4 5 6 7 8 9	1 2 3 4 5 6 7 8 9

Time: _____

6			1	7	8	2		
		2						6
								9
1						4		
3			5	9	2			1
		8						3
4								
5						7		
		9	4	6	3			8

Time: _____

8						2	7	
			8	4	7			
1						6		
						9	8	
6			1	9	5			4
	4	3						
		5						7
			9	2	3			
	6	8						3

Time: _____

138

			6			5	4	
		3			1		9	
		8			4		2	
2				7				
9				8				1
				4				5
	6		5			7		
	4		2			8		
	1	7			3			

Time: _____

					4	7		
				6	2			9
	3	1						2
2						4	3	
			5	8	3			
	5	7						6
4						1	5	
8			7	1				
		6	9					

Time: _____

140

	6		7	4				2
						5	9	
	1		3					
		8				6		
2			6	1	4			8
		5				3		
					6		8	
	7	1						
9				3	2		4	

Time: _____

SUDOKU HELPER™

141

	5		6					
2				3	1			8
4	9							7
7								3
			2	4	8			
6								1
1							9	6
8			5	7				2
					2		4	

Time: _____

SUDOKU HELPER

142

Time: _____

143

Time: _____

144

	7			5				
	2				3	4		
			8		6	3		
5				3				2
6				4				1
8				2				9
		4	9		5			
		1	3				8	
				6		7		

Time: _____

145

146

Time: _____

SUDOKU HELPER™

147

	5						9	
3			1				4	
7			2				3	
		4		8		1		
		5		7		6		
		2		9		3		
	9				5			7
	6				3			2
	8						1	

Time: _____

148

	4		2		5			
6			7	9	4			
	3							5
5								
2			3	7	8			1
								3
9							6	
			4	5	1			7
			9		7		8	

Time: _____

149

	2				6	9		
7						6		
4			5			1		
	1			3			8	
	6			2			4	
	5			1			7	
		8			7			5
		3						2
		1	9				6	

Time: _____

150

					7			3
3		2	9			8		
						2	9	6
				2			4	
	7			8			5	
	9			1				
6	5	1						
		8			6	3		9
9			4					

Time: _____

	5	9						
			8	5	4			3
7							4	
9						6	5	
			1	7	2			
	3	8						4
	4							5
1			6	9	3			
						1	2	

Time: _____

152

	7		6					
	1				9			8
3				4	2			
8								9
7			4	5	3			6
4								1
			9	7				2
2			8				4	
					6		5	

Time: _____

153

Time: _____

154

1 2 3 4 5 6 7 8 9	1 2 3 4 5 6 7 8 9	1 2 3 4 5 6 7 8 9	1 2 3 4 5 **4** 6 7 8 9	1 2 3 4 5 6 7 8 9	1 2 3 4 5 6 7 8 9	1 2 3 4 5 6 7 8 9	1 2 3 4 5 6 7 8 9	1 2 3 4 5 6 7 8 9
1 2 3 4 5 6 7 8 9	1 2 3 4 5 6 7 8 9	1 2 3 4 5 **4** 6 7 8 9	1 2 3 4 5 6 7 8 9	1 2 3 4 5 6 7 8 9	1 2 3 4 5 **1** 6 7 8 9	1 2 3 4 5 6 7 8 9	1 2 3 4 5 6 7 8 9	1 2 3 4 5 **9** 6 7 8 9
1 2 3 4 5 6 7 8 9	1 2 3 4 5 **6** 6 7 8 9	1 2 3 4 5 **7** 6 7 8 9	1 2 3 4 5 6 7 8 9	1 2 3 4 5 6 7 8 9	1 2 3 4 5 **8** 6 7 8 9	1 2 3 4 5 6 7 8 9	1 2 3 4 5 6 7 8 9	1 2 3 4 5 **1** 6 7 8 9
1 2 3 4 5 6 7 8 9	1 2 3 4 5 **4** 6 7 8 9	1 2 3 4 5 **8** 6 7 8 9	1 2 3 4 5 6 7 8 9	1 2 3 4 5 **1** 6 7 8 9	1 2 3 4 5 6 7 8 9	1 2 3 4 5 6 7 8 9	1 2 3 4 5 6 7 8 9	1 2 3 4 5 6 7 8 9
1 2 3 4 5 6 7 8 9	1 2 3 4 5 **3** 6 7 8 9	1 2 3 4 5 6 7 8 9	1 2 3 4 5 6 7 8 9	1 2 3 4 5 **6** 6 7 8 9	1 2 3 4 5 6 7 8 9	1 2 3 4 5 6 7 8 9	1 2 3 4 5 **9** 6 7 8 9	1 2 3 4 5 6 7 8 9
1 2 3 4 5 6 7 8 9	1 2 3 4 5 6 7 8 9	1 2 3 4 5 6 7 8 9	1 2 3 4 5 **7** 6 7 8 9	1 2 3 4 5 6 7 8 9	1 2 3 4 5 6 7 8 9	1 2 3 4 5 **5** 6 7 8 9	1 2 3 4 5 **2** 6 7 8 9	1 2 3 4 5 6 7 8 9
1 2 3 4 5 **5** 6 7 8 9	1 2 3 4 5 6 7 8 9	1 2 3 4 5 6 7 8 9	1 2 3 4 5 **6** 6 7 8 9	1 2 3 4 5 6 7 8 9	1 2 3 4 5 6 7 8 9	1 2 3 4 5 **7** 6 7 8 9	1 2 3 4 5 **8** 6 7 8 9	1 2 3 4 5 6 7 8 9
1 2 3 4 5 **4** 6 7 8 9	1 2 3 4 5 6 7 8 9	1 2 3 4 5 6 7 8 9	1 2 3 4 5 **2** 6 7 8 9	1 2 3 4 5 6 7 8 9	1 2 3 4 5 6 7 8 9	1 2 3 4 5 **6** 6 7 8 9	1 2 3 4 5 6 7 8 9	1 2 3 4 5 6 7 8 9
1 2 3 4 5 6 7 8 9	1 2 3 4 5 6 7 8 9	1 2 3 4 5 6 7 8 9	1 2 3 4 5 6 7 8 9	1 2 3 4 5 6 7 8 9	1 2 3 4 5 **3** 6 7 8 9	1 2 3 4 5 6 7 8 9	1 2 3 4 5 6 7 8 9	1 2 3 4 5 6 7 8 9

Time: _____

9		8			2			
			3				7	9
5			6					
		4		5		7		
		7		9		8		
		2		1		6		
					8			3
6	1				4			
			7			9		2

Time: _____

156

Time: _____

SUDOKU HELPER

157

	1		7			4		
	5		1			9		
			9			2		
6				8				7
4				2				3
7				6				1
		9			5			
		2			3		5	
		8			4		6	

Time: _____

		1			9		
5		6				3		
8			3	2	7			
		4						7
			9	6	8			
1						5		
			4	8	1			9
		2				7		6
		3				8		

159

						3	7	9
		2	6					
3			8	1				
	1	9						6
			7	2	5			
8						4	3	
			3		7			1
					4	6		
7	5	8						

Time: _____

					7		1	
2					3			6
					5		9	3
		3		8		5		
		6		9		2		
		7		4		9		
3	5		2					
6			1					4
	8		6					

Time: _____

161

7		**5**				**3**		
2			**9**	**8**	**4**			
		4						**1**
6		**9**						
			3	**1**	**7**			
						8		**2**
3						**6**		
			5	**3**	**2**			**8**
		1				**4**		**7**

Time: _____

						6	9	
3	5	8						
6			4	1	7			
						7	3	
			6	5	2			
	8	1						
			7	9	3			5
						1	6	8
	2	4						

Time: _____

SUDOKU HELPER™

7	2		9					
					1	8		
	3				7	4		
				4			5	6
8				6				3
1	5			7				
		5	4				7	
		9	2					
					6		1	4

Time: _____

5	6		4		3			
	1		2	8	6			
								3
3								5
			6	9	7			
8								2
4								
			9	2	5		7	
			3		1		9	8

Time: _____

165

6	8	3	7					
5	2		4					3
		4		9		6		
		1		5		2		
		5		3		8		
7					6		9	8
					3	7	1	4

Time: _____

166

			2	7	4	8		
	5							3
						9		4
	4					7		6
			4	9	1			
8		3				5		
2		9						
4						1		
		7	8	6	5			

Time: _____

Time: _____

168

1		6	5		3			
						8	9	
8	3			2			6	1
	6			7			8	
5	9			6			2	4
	7	9						
			6		1	9		5

Time: _____

169

		4	8				1	
		5						9
		1			7			6
	9			4			8	
	7			3			5	
	2			6			3	
8			5			3		
6						2		
	5				1	7		

Time: _____

1 2 3 4 5 6 7 8 9	1 2 3 4 5 6 7 8 9	1 2 3 4 5 6 7 8 9	1 2 3 4 5 6 7 8 9	1 2 3 4 5 9 6 7 8 9	1 2 3 4 5 6 7 8 9	1 2 3 4 5 6 7 8 9	1 2 3 4 5 6 6 7 8 9	1 2 3 4 5 7 6 7 8 9
1 2 3 4 5 6 7 8 9	1 2 3 4 5 6 7 8 9	1 2 3 4 5 6 7 8 9	1 2 3 4 5 6 7 8 9	1 2 3 4 5 6 7 8 9	1 2 3 4 5 1 6 7 8 9	1 2 3 4 5 8 6 7 8 9	1 2 3 4 5 6 7 8 9	1 2 3 4 5 6 7 8 9
1 2 3 4 5 5 6 7 8 9	1 2 3 4 5 4 6 7 8 9	1 2 3 4 5 6 7 8 9	1 2 3 4 5 6 7 8 9	1 2 3 4 5 6 7 8 9	1 2 3 4 5 2 6 7 8 9	1 2 3 4 5 6 7 8 9	1 2 3 4 5 6 7 8 9	1 2 3 4 5 6 7 8 9
1 2 3 4 5 6 7 8 9	1 2 3 4 5 6 7 8 9	1 2 3 4 5 6 7 8 9	1 2 3 4 5 6 7 8 9	1 2 3 4 5 4 6 7 8 9	1 2 3 4 5 6 7 8 9	1 2 3 4 5 6 7 8 9	1 2 3 4 5 9 6 7 8 9	1 2 3 4 5 3 6 7 8 9
1 2 3 4 5 6 7 8 9	1 2 3 4 5 6 6 7 8 9	1 2 3 4 5 6 7 8 9	1 2 3 4 5 6 7 8 9	1 2 3 4 5 5 6 7 8 9	1 2 3 4 5 6 7 8 9	1 2 3 4 5 6 7 8 9	1 2 3 4 5 2 6 7 8 9	1 2 3 4 5 6 7 8 9
1 2 3 4 5 1 6 7 8 9	1 2 3 4 5 8 6 7 8 9	1 2 3 4 5 6 7 8 9	1 2 3 4 5 6 7 8 9	1 2 3 4 5 2 6 7 8 9	1 2 3 4 5 6 7 8 9	1 2 3 4 5 6 7 8 9	1 2 3 4 5 6 7 8 9	1 2 3 4 5 6 7 8 9
1 2 3 4 5 6 7 8 9	1 2 3 4 5 6 7 8 9	1 2 3 4 5 6 7 8 9	1 2 3 4 5 9 6 7 8 9	1 2 3 4 5 6 7 8 9	1 2 3 4 5 6 7 8 9	1 2 3 4 5 6 7 8 9	1 2 3 4 5 4 6 7 8 9	1 2 3 4 5 5 6 7 8 9
1 2 3 4 5 6 7 8 9	1 2 3 4 5 6 7 8 9	1 2 3 4 5 2 6 7 8 9	1 2 3 4 5 6 6 7 8 9	1 2 3 4 5 6 7 8 9	1 2 3 4 5 6 7 8 9	1 2 3 4 5 6 7 8 9	1 2 3 4 5 6 7 8 9	1 2 3 4 5 6 7 8 9
1 2 3 4 5 4 6 7 8 9	1 2 3 4 5 7 6 7 8 9	1 2 3 4 5 6 7 8 9	1 2 3 4 5 6 7 8 9	1 2 3 4 5 3 6 7 8 9	1 2 3 4 5 6 7 8 9	1 2 3 4 5 6 7 8 9	1 2 3 4 5 6 7 8 9	1 2 3 4 5 6 7 8 9

Time: _____

				6	**1**			**5**
		3			**4**			
		8					**3**	**2**
4	**2**			**8**				
	5			**3**			**7**	
				9			**6**	**8**
1	**3**					**4**		
			7			**3**		
9			**6**	**4**				

Time: _____

172

	8	4						
			5	7	1			
1						2	3	9
							5	4
			9	6	3			
7	2							
5	3	1						2
			2	9	4			
						8	6	

Time: _____

			1	6	5			
						9	8	
4	3	5						
8	2							
3			8	5	7			1
							6	3
						7	2	4
	1	6						
			2	3	9			

Time: _____

9	4				1	6		7
8		3						5
	6			9			2	
	7			6			4	
	5			8		7		
6						9		1
2		4	3				6	8

Time: _____

	8		3	6				
	7							9
	4		5					1
		2		8		3		
		1		9		5		
		6		4		8		
9					8		2	
5							6	
				1	2		7	

Time: _____

176

		9	6				7	
5							2	
1			3		4			
		2		9		1		
		3		5		8		
		6		4		3		
			4		1			6
	4							9
	7				8	5		

Time: _____

6		1	8					
						5	7	8
			7		9			
4	3			6				
	5			8			2	
				4			9	5
			5		1			
7	4	2						
					2	3		6

Time: _____

179

					7	8	5	9
						7		
				8	4	2		
	5						4	
9			5	2	1			8
	6						3	
		8	7	5				
		1						
2	4	3	6					

Time: _____

180

					4	2			
					6	9	8	
7						1	4	
4	2						9	
			5	1	3			
	3						6	7
4	3						5
6	1	4					
	8	9					

Time: _____

	5		2			7		
4		6	3					
8					1		6
2								9
		3	1	5			
7								3
4		9					2	
			8	4		6	
	3			7		5	

Time: _____

SUDOKU HELPER™

182

			7					
6						4	8	9
3	2	1						
	9	6		5				
		4		3		8		
				2		9	1	
						6	7	5
8	7	5						3
					9			

Time: _____

183

184

	1		2	8	9	6		
7	5							
8				4		3	6	
		6		5		1		
	9	3		7				2
							3	4
		2	6	9	1		8	

Time: _____

1 2 3 4 5 **5** 6 7 8 9	1 2 3 4 5 6 7 8 9	1 2 3 4 5 **9** 6 7 8 9	1 2 3 4 5 **1** 6 7 8 9	1 2 3 4 5 6 7 8 9	1 2 3 4 5 6 7 8 9	1 2 3 4 5 6 7 8 9	1 2 3 4 5 6 7 8 9	1 2 3 4 5 6 7 8 9
1 2 3 4 5 6 7 8 9	1 2 3 4 5 6 7 8 9	1 2 3 4 5 6 7 8 9	1 2 3 4 5 6 7 8 9	1 2 3 4 5 6 7 8 9	1 2 3 4 5 6 7 8 9	1 2 3 4 5 **1** 6 7 8 9	1 2 3 4 5 **3** 6 7 8 9	1 2 3 4 5 **7** 6 7 8 9
1 2 3 4 5 6 7 8 9	1 2 3 4 5 6 7 8 9	1 2 3 4 5 6 7 8 9	1 2 3 4 5 **6** 6 7 8 9	1 2 3 4 5 **4** 6 7 8 9	1 2 3 4 5 6 7 8 9	1 2 3 4 5 6 7 8 9	1 2 3 4 5 6 7 8 9	1 2 3 4 5 6 7 8 9
1 2 3 4 5 **1** 6 7 8 9	1 2 3 4 5 **2** 6 7 8 9	1 2 3 4 5 **6** 6 7 8 9	1 2 3 4 5 6 7 8 9	1 2 3 4 5 6 7 8 9	1 2 3 4 5 6 7 8 9	1 2 3 4 5 6 7 8 9	1 2 3 4 5 6 7 8 9	1 2 3 4 5 6 7 8 9
1 2 3 4 5 6 7 8 9	1 2 3 4 5 6 7 8 9	1 2 3 4 5 6 7 8 9	1 2 3 4 5 **3** 6 7 8 9	1 2 3 4 5 **7** 6 7 8 9	1 2 3 4 5 **5** 6 7 8 9	1 2 3 4 5 6 7 8 9	1 2 3 4 5 6 7 8 9	1 2 3 4 5 6 7 8 9
1 2 3 4 5 6 7 8 9	1 2 3 4 5 6 7 8 9	1 2 3 4 5 6 7 8 9	1 2 3 4 5 6 7 8 9	1 2 3 4 5 6 7 8 9	1 2 3 4 5 6 7 8 9	1 2 3 4 5 **8** 6 7 8 9	1 2 3 4 5 **4** 6 7 8 9	1 2 3 4 5 **9** 6 7 8 9
1 2 3 4 5 6 7 8 9	1 2 3 4 5 6 7 8 9	1 2 3 4 5 6 7 8 9	1 2 3 4 5 6 7 8 9	1 2 3 4 5 **9** 6 7 8 9	1 2 3 4 5 **8** 6 7 8 9	1 2 3 4 5 6 7 8 9	1 2 3 4 5 6 7 8 9	1 2 3 4 5 6 7 8 9
1 2 3 4 5 **3** 6 7 8 9	1 2 3 4 5 **1** 6 7 8 9	1 2 3 4 5 **7** 6 7 8 9	1 2 3 4 5 6 7 8 9	1 2 3 4 5 6 7 8 9	1 2 3 4 5 6 7 8 9	1 2 3 4 5 6 7 8 9	1 2 3 4 5 6 7 8 9	1 2 3 4 5 6 7 8 9
1 2 3 4 5 6 7 8 9	1 2 3 4 5 6 7 8 9	1 2 3 4 5 6 7 8 9	1 2 3 4 5 6 7 8 9	1 2 3 4 5 6 7 8 9	1 2 3 4 5 **3** 6 7 8 9	1 2 3 4 5 **2** 6 7 8 9	1 2 3 4 5 6 7 8 9	1 2 3 4 5 **5** 6 7 8 9

Time: _____

		1		**6**				
	9		**8**					
	5		**9**			**3**		**7**
8		**2**		**3**				
		5		**7**		**4**		
				1		**5**		**6**
6		**3**			**2**		**7**	
					4		**1**	
				5		**9**		

Time: _____

187

Time: _____

188

		3			8	4		
					5			6
		9			7			1
	1			4			3	
	4			2			9	
	8			9			5	
5			6			7		
4			1					
		8	3			2		

Time: _____

SUDOKU HELPER™

		2	9		7	3		
								6
	4					1		8
1				4				2
2				3				9
8				5				3
4		6					3	
5								
		7	6		2	4		

Time: _____

SUDOKU HELPER™

190

6			1	3	4	5		
8		7						9
		5						
						8		4
			2	5	9			
3		6						
						6		
1						2		3
		3	7	8	6			5

Time: _____

191

						6	4	
				7	1			8
2	8	3						
	7	4						
5			8	4	2			9
						5	1	
						8	6	2
1			3	5				
	9	6						

Time: _____

			7	4				
						2	6	5
	3	9						
	2	1						4
3			2	9	5			8
7						6	2	
						3	9	
4	5	6						
				1	8			

Time: _____

			3		8		2	
			7	1	5		6	
8							5	
5								
2			5	9	1			8
								4
	4							7
	1		8	7	6			
	3		4		2			

Time: _____

SUDOKU HELPER™

194

			8	1	9			
2						9	7	
	3	6						5
						3	8	
			6	5	2			
	4	7						
5						4	2	
	9	1						6
			7	4	3			

Time: _____

195

	4	3	1			2		
6		9	4				5	
7				6				9
4				2				1
8				5				3
	5				8	3		7
		1			7	6	4	

Time: _____

196

		2	4					
7		6	1					
						9	1	5
	7	4		2				
	3			4			6	
				5		7	8	
8	6	5						
					9	8		3
					7	1		

Time: _____

197

	9			8		1		
	7				4	3		
	2				6	8		
				3				5
4				2				9
6				9				
		8	5				6	
		9	1				2	
		3		4			7	

Time: _____

198

						9		3
			4	7	2		8	
		6						1
		2				7		4
			9	8	1			
5		3				6		
9						8		
7			5	3	6			
2		1						

Time: _____

199

			1					
8		3			6	2		5
		9			3			
	1			7			9	
	6			1			4	
	3			8			2	
			2			1		
4		7	9			8		6
					5			

Time: _____

200

			2	4	7			
6	5	9						
						1	8	3
1		4						
			8	3	6			
						9		5
3	8	2						
						4	6	7
			9	1	5			

Time: _____

SOLUTION KEY

1

6	5	7	3	4	2	8	1	9
4	1	9	8	7	6	5	2	3
8	2	3	1	5	9	4	7	6
2	4	1	5	9	7	6	3	8
5	7	6	4	8	3	2	9	1
3	9	8	2	6	1	7	4	5
7	6	4	9	3	8	1	5	2
1	3	5	6	2	4	9	8	7
9	8	2	7	1	5	3	6	4

2

8	1	2	6	5	3	4	7	9
7	4	3	8	1	9	5	6	2
6	5	9	4	2	7	1	3	8
9	3	6	1	8	5	2	4	7
1	7	5	9	4	2	3	8	6
2	8	4	7	3	6	9	1	5
3	2	7	5	6	4	8	9	1
5	6	1	3	9	8	7	2	4
4	9	8	2	7	1	6	5	3

3

3	6	5	2	8	1	9	4	7
2	4	7	6	3	9	8	1	5
8	9	1	5	7	4	3	2	6
6	8	2	3	1	5	7	9	4
9	5	4	7	2	6	1	3	8
1	7	3	4	9	8	6	5	2
5	1	9	8	6	2	4	7	3
4	3	6	9	5	7	2	8	1
7	2	8	1	4	3	5	6	9

4

1	9	3	5	6	2	4	7	8
7	5	2	4	8	1	3	6	9
4	8	6	9	7	3	2	1	5
8	7	1	2	4	9	5	3	6
3	2	5	6	1	8	9	4	7
9	6	4	3	5	7	1	8	2
2	1	9	8	3	6	7	5	4
5	3	8	7	2	4	6	9	1
6	4	7	1	9	5	8	2	3

5

4	3	5	9	7	1	6	8	2
1	6	8	2	5	3	7	4	9
9	7	2	6	8	4	1	5	3
8	9	6	4	3	7	2	1	5
3	5	7	1	6	2	8	9	4
2	1	4	8	9	5	3	6	7
7	8	3	5	1	9	4	2	6
6	2	9	7	4	8	5	3	1
5	4	1	3	2	6	9	7	8

6

2	8	4	5	6	9	1	3	7
5	9	1	2	7	3	6	8	4
6	7	3	8	1	4	9	5	2
4	1	6	7	8	2	3	9	5
7	2	5	9	3	1	4	6	8
8	3	9	6	4	5	2	7	1
9	5	7	4	2	6	8	1	3
1	6	2	3	5	8	7	4	9
3	4	8	1	9	7	5	2	6

7

3	4	9	2	6	7	1	5	8
6	5	7	1	8	4	2	3	9
1	2	8	9	5	3	4	7	6
4	3	6	7	9	5	8	2	1
7	9	2	8	4	1	5	6	3
5	8	1	3	2	6	7	9	4
8	1	3	6	7	2	9	4	5
2	6	5	4	1	9	3	8	7
9	7	4	5	3	8	6	1	2

8

2	3	9	4	6	1	5	7	8
8	1	6	3	5	7	9	2	4
7	4	5	2	8	9	1	6	3
3	6	7	8	9	4	2	1	5
1	5	2	6	7	3	4	8	9
4	9	8	5	1	2	7	3	6
9	7	4	1	3	8	6	5	2
5	8	1	9	2	6	3	4	7
6	2	3	7	4	5	8	9	1

9

1	6	9	8	7	5	2	4	3
2	3	7	4	1	6	9	5	8
8	5	4	2	9	3	6	7	1
5	7	2	1	4	9	3	8	6
4	8	3	6	2	7	1	9	5
6	9	1	3	5	8	7	2	4
3	4	5	7	6	2	8	1	9
9	2	8	5	3	1	4	6	7
7	1	6	9	8	4	5	3	2

10

3	7	1	9	4	8	6	5	2
2	6	9	5	7	1	3	8	4
4	8	5	2	3	6	9	1	7
9	5	6	7	2	4	8	3	1
8	3	4	6	1	5	7	2	9
7	1	2	3	8	9	5	4	6
1	9	3	4	5	7	2	6	8
6	2	8	1	9	3	4	7	5
5	4	7	8	6	2	1	9	3

11

2	5	9	3	7	8	4	6	1
3	6	8	4	5	1	2	9	7
7	4	1	2	9	6	3	5	8
5	3	4	7	1	9	6	8	2
6	8	7	5	2	3	9	1	4
9	1	2	6	8	4	5	7	3
1	7	6	9	3	2	8	4	5
4	2	5	8	6	7	1	3	9
8	9	3	1	4	5	7	2	6

12

8	2	7	9	6	5	3	1	4
3	1	4	7	2	8	6	9	5
6	9	5	1	3	4	2	8	7
2	5	6	8	7	3	1	4	9
1	3	9	4	5	6	7	2	8
4	7	8	2	9	1	5	6	3
9	6	2	5	8	7	4	3	1
7	4	3	6	1	9	8	5	2
5	8	1	3	4	2	9	7	6

13

5	3	4	6	8	2	9	7	1
8	6	7	1	9	5	4	2	3
2	9	1	4	3	7	6	8	5
9	5	2	7	6	8	1	3	4
1	8	3	9	2	4	7	5	6
7	4	6	3	5	1	2	9	8
4	1	5	8	7	9	3	6	2
3	2	9	5	1	6	8	4	7
6	7	8	2	4	3	5	1	9

14

8	9	1	6	5	4	3	2	7
7	2	4	8	3	9	6	1	5
3	5	6	2	1	7	9	4	8
9	1	8	4	6	5	2	7	3
5	6	7	9	2	3	4	8	1
2	4	3	7	8	1	5	6	9
6	7	5	3	4	8	1	9	2
1	8	2	5	9	6	7	3	4
4	3	9	1	7	2	8	5	6

15

8	9	1	6	5	4	3	2	7
7	2	4	8	3	9	6	1	5
3	5	6	2	1	7	9	4	8
9	1	8	4	6	5	2	7	3
5	6	7	9	2	3	4	8	1
2	4	3	7	8	1	5	6	9
6	7	5	3	4	8	1	9	2
1	8	2	5	9	6	7	3	4
4	3	9	1	7	2	8	5	6

16

3	5	8	6	2	1	4	7	9
2	7	9	8	5	4	3	6	1
6	4	1	7	9	3	2	5	8
7	1	3	5	4	9	6	8	2
4	8	5	1	6	2	9	3	7
9	6	2	3	8	7	5	1	4
5	2	7	4	3	8	1	9	6
1	9	6	2	7	5	8	4	3
8	3	4	9	1	6	7	2	5

17

3	9	8	5	7	6	2	1	4
2	6	7	4	1	3	8	5	9
5	4	1	9	2	8	6	7	3
4	2	9	1	3	7	5	6	8
8	1	5	6	9	2	3	4	7
6	7	3	8	5	4	9	2	1
9	8	4	2	6	1	7	3	5
1	3	6	7	8	5	4	9	2
7	5	2	3	4	9	1	8	6

18

5	9	8	2	6	3	4	7	1
6	1	4	8	7	9	5	2	3
2	7	3	4	5	1	6	9	8
1	3	7	9	4	2	8	5	6
9	6	2	5	3	8	1	4	7
4	8	5	6	1	7	9	3	2
3	5	9	1	2	6	7	8	4
7	4	6	3	8	5	2	1	9
8	2	1	7	9	4	3	6	5

19

1	2	5	6	7	3	9	4	8
3	4	9	2	5	8	7	6	1
8	7	6	9	1	4	5	3	2
9	8	1	4	6	7	2	5	3
4	5	7	3	2	1	6	8	9
6	3	2	8	9	5	4	1	7
2	1	4	7	8	6	3	9	5
5	9	3	1	4	2	8	7	6
7	6	8	5	3	9	1	2	4

20

8	3	2	9	5	6	7	4	1
7	9	1	2	8	4	6	5	3
4	5	6	1	3	7	9	8	2
9	8	7	3	2	1	5	6	4
1	4	5	6	9	8	3	2	7
6	2	3	7	4	5	1	9	8
2	7	4	5	1	9	8	3	6
3	1	9	8	6	2	4	7	5
5	6	8	4	7	3	2	1	9

21

6	2	5	9	4	8	3	7	1
9	3	4	2	1	7	8	6	5
7	1	8	6	3	5	4	2	9
5	4	7	3	6	2	1	9	8
1	6	3	4	8	9	2	5	7
2	8	9	5	7	1	6	3	4
8	7	2	1	9	6	5	4	3
3	5	1	7	2	4	9	8	6
4	9	6	8	5	3	7	1	2

22

2	6	7	1	5	8	3	9	4
8	3	4	2	9	7	1	6	5
5	1	9	6	3	4	8	7	2
3	9	6	4	8	2	7	5	1
7	5	2	3	6	1	9	4	8
1	4	8	9	7	5	2	3	6
9	2	3	8	4	6	5	1	7
4	7	1	5	2	9	6	8	3
6	8	5	7	1	3	4	2	9

23

6	2	4	8	3	9	5	1	7
1	9	8	5	7	2	3	4	6
3	7	5	1	6	4	8	9	2
5	4	9	7	1	6	2	8	3
8	6	1	3	2	5	9	7	4
7	3	2	4	9	8	6	5	1
9	8	7	2	4	3	1	6	5
2	1	6	9	5	7	4	3	8
4	5	3	6	8	1	7	2	9

24

8	7	4	5	3	2	9	6	1
6	9	5	8	7	1	3	2	4
2	3	1	4	9	6	8	7	5
3	8	6	2	1	4	7	5	9
1	4	2	9	5	7	6	3	8
7	5	9	3	6	8	4	1	2
4	6	3	1	2	9	5	8	7
5	2	8	7	4	3	1	9	6
9	1	7	6	8	5	2	4	3

25

5	7	2	8	3	6	1	9	4
3	8	4	9	1	7	2	5	6
9	1	6	5	4	2	3	8	7
1	6	9	2	5	8	4	7	3
4	5	3	1	7	9	8	6	2
8	2	7	3	6	4	5	1	9
2	3	1	7	9	5	6	4	8
6	9	8	4	2	1	7	3	5
7	4	5	6	8	3	9	2	1

26

3	2	4	9	8	7	1	5	6
9	1	5	6	3	4	2	8	7
8	6	7	1	2	5	3	4	9
5	7	1	3	4	8	9	6	2
4	3	6	2	9	1	8	7	5
2	9	8	7	5	6	4	1	3
1	5	9	4	6	2	7	3	8
6	4	2	8	7	3	5	9	1
7	8	3	5	1	9	6	2	4

27

2	1	7	3	8	5	9	4	6
8	6	4	7	1	9	3	2	5
9	3	5	6	4	2	1	7	8
6	4	9	5	3	1	7	8	2
7	5	2	4	9	8	6	1	3
3	8	1	2	6	7	5	9	4
4	9	3	8	7	6	2	5	1
1	2	6	9	5	4	8	3	7
5	7	8	1	2	3	4	6	9

28

2	8	6	9	1	7	4	5	3
1	9	3	6	5	4	8	2	7
4	5	7	3	2	8	9	6	1
3	1	4	7	8	6	5	9	2
7	6	9	2	3	5	1	8	4
5	2	8	4	9	1	3	7	6
9	7	5	1	6	3	2	4	8
6	3	2	8	4	9	7	1	5
8	4	1	5	7	2	6	3	9

29

7	3	6	9	2	8	1	4	5
4	9	2	5	1	3	8	7	6
1	8	5	6	7	4	2	3	9
6	7	4	2	3	9	5	1	8
5	2	3	1	8	6	4	9	7
9	1	8	7	4	5	3	6	2
8	4	7	3	9	2	6	5	1
2	5	9	4	6	1	7	8	3
3	6	1	8	5	7	9	2	4

30

6	5	8	2	3	9	1	4	7
1	9	3	4	7	8	5	2	6
4	7	2	6	1	5	8	3	9
9	1	7	5	2	3	4	6	8
2	6	4	7	8	1	3	9	5
3	8	5	9	4	6	7	1	2
5	4	6	1	9	7	2	8	3
7	3	1	8	6	2	9	5	4
8	2	9	3	5	4	6	7	1

31

6	2	7	9	8	4	3	1	5
5	8	3	2	1	7	4	6	9
9	1	4	5	6	3	7	2	8
1	3	5	8	4	6	2	9	7
8	4	9	7	5	2	1	3	6
7	6	2	3	9	1	8	5	4
2	9	1	4	7	5	6	8	3
3	7	8	6	2	9	5	4	1
4	5	6	1	3	8	9	7	2

32

6	3	4	7	5	9	2	8	1
9	7	1	8	3	2	5	4	6
5	2	8	1	4	6	7	9	3
2	1	5	6	7	4	9	3	8
3	8	9	5	2	1	4	6	7
7	4	6	3	9	8	1	5	2
4	6	7	9	1	3	8	2	5
1	9	3	2	8	5	6	7	4
8	5	2	4	6	7	3	1	9

33

8	4	1	2	3	6	5	7	9
5	2	3	9	7	8	1	4	6
9	6	7	1	5	4	2	3	8
2	8	9	6	4	7	3	1	5
1	7	5	8	2	3	6	9	4
6	3	4	5	9	1	7	8	2
7	5	8	3	6	9	4	2	1
3	9	6	4	1	2	8	5	7
4	1	2	7	8	5	9	6	3

34

6	8	3	1	4	2	7	9	5
7	9	4	8	6	5	3	1	2
5	2	1	7	9	3	6	4	8
8	4	7	5	2	6	9	3	1
9	6	2	3	1	8	5	7	4
3	1	5	9	7	4	8	2	6
4	3	9	6	8	1	2	5	7
2	5	8	4	3	7	1	6	9
1	7	6	2	5	9	4	8	3

35

7	8	3	5	2	6	1	9	4
5	1	4	8	9	3	6	7	2
6	9	2	1	7	4	5	8	3
4	7	9	3	1	2	8	6	5
3	6	8	4	5	7	2	1	9
2	5	1	6	8	9	3	4	7
1	2	6	9	4	5	7	3	8
8	4	7	2	3	1	9	5	6
9	3	5	7	6	8	4	2	1

36

6	7	8	4	2	9	5	3	1
1	5	9	8	3	7	2	4	6
2	4	3	1	5	6	7	8	9
8	1	2	3	7	4	6	9	5
5	6	4	2	9	8	3	1	7
9	3	7	5	6	1	8	2	4
3	2	1	7	4	5	9	6	8
4	9	5	6	8	2	1	7	3
7	8	6	9	1	3	4	5	2

37

3	1	2	9	8	7	6	5	4
5	6	7	3	4	1	2	8	9
8	9	4	6	5	2	1	3	7
2	7	3	5	1	4	8	9	6
1	4	5	8	9	6	3	7	2
6	8	9	2	7	3	5	4	1
4	5	6	1	3	9	7	2	8
9	2	8	7	6	5	4	1	3
7	3	1	4	2	8	9	6	5

38

5	6	3	7	8	1	9	4	2
2	8	4	9	3	5	7	6	1
1	7	9	2	6	4	8	5	3
7	1	6	3	5	8	4	2	9
3	2	5	4	9	7	1	8	6
4	9	8	1	2	6	5	3	7
6	4	7	8	1	3	2	9	5
9	3	1	5	4	2	6	7	8
8	5	2	6	7	9	3	1	4

39

2	4	8	9	7	3	5	1	6
1	5	7	8	6	4	2	9	3
9	3	6	1	5	2	8	7	4
6	1	9	5	3	7	4	2	8
5	2	4	6	1	8	7	3	9
7	8	3	4	2	9	6	5	1
8	7	1	2	9	6	3	4	5
3	6	5	7	4	1	9	8	2
4	9	2	3	8	5	1	6	7

40

6	7	5	4	1	9	3	2	8
4	3	2	5	8	7	6	9	1
9	8	1	6	2	3	4	5	7
1	5	7	3	4	8	2	6	9
8	6	3	9	7	2	1	4	5
2	4	9	1	6	5	7	8	3
7	1	6	8	9	4	5	3	2
3	9	4	2	5	1	8	7	6
5	2	8	7	3	6	9	1	4

41

3	1	6	8	7	9	2	5	4
4	5	9	1	3	2	6	8	7
8	7	2	5	6	4	9	1	3
5	9	3	4	1	6	8	7	2
6	4	1	2	8	7	3	9	5
2	8	7	3	9	5	1	4	6
7	3	4	9	2	1	5	6	8
1	6	8	7	5	3	4	2	9
9	2	5	6	4	8	7	3	1

42

7	6	8	1	5	2	3	4	9
4	9	3	7	6	8	1	2	5
5	2	1	9	4	3	7	8	6
8	5	6	3	2	9	4	7	1
2	4	9	5	7	1	6	3	8
3	1	7	4	8	6	5	9	2
6	8	4	2	3	5	9	1	7
9	7	2	6	1	4	8	5	3
1	3	5	8	9	7	2	6	4

43

3	8	5	6	9	1	7	2	4
9	1	7	3	4	2	6	5	8
2	6	4	8	7	5	9	3	1
1	5	2	9	3	8	4	7	6
7	4	9	1	5	6	2	8	3
8	3	6	7	2	4	5	1	9
6	2	3	4	8	7	1	9	5
4	7	8	5	1	9	3	6	2
5	9	1	2	6	3	8	4	7

44

5	8	6	7	2	3	9	4	1
2	1	4	5	6	9	3	7	8
9	3	7	1	4	8	2	5	6
4	5	3	9	1	2	8	6	7
8	9	1	6	3	7	4	2	5
6	7	2	8	5	4	1	3	9
3	6	5	2	8	1	7	9	4
1	2	9	4	7	5	6	8	3
7	4	8	3	9	6	5	1	2

45

1	2	8	3	6	9	7	4	5
7	4	3	8	2	5	9	6	1
5	6	9	4	1	7	8	3	2
9	1	4	2	3	8	5	7	6
3	8	7	1	5	6	4	2	9
2	5	6	7	9	4	1	8	3
8	3	5	9	4	2	6	1	7
4	9	2	6	7	1	3	5	8
6	7	1	5	8	3	2	9	4

46

9	1	3	5	4	6	8	7	2
2	4	8	9	7	1	5	6	3
5	7	6	2	3	8	1	4	9
8	9	2	4	1	5	6	3	7
7	6	1	3	8	9	4	2	5
4	3	5	7	6	2	9	8	1
3	5	4	8	9	7	2	1	6
6	8	9	1	2	3	7	5	4
1	2	7	6	5	4	3	9	8

47

3	6	9	2	8	7	1	4	5
2	1	7	9	4	5	6	3	8
4	8	5	3	1	6	7	2	9
1	5	3	7	2	8	4	9	6
6	7	2	4	9	1	5	8	3
8	9	4	5	6	3	2	7	1
9	3	6	1	7	2	8	5	4
5	2	1	8	3	4	9	6	7
7	4	8	6	5	9	3	1	2

48

1	2	8	5	4	9	6	7	3
4	5	9	3	6	7	8	1	2
6	3	7	2	8	1	5	4	9
8	6	2	4	7	5	9	3	1
7	4	1	8	9	3	2	5	6
5	9	3	6	1	2	4	8	7
9	8	4	1	3	6	7	2	5
2	1	6	7	5	8	3	9	4
3	7	5	9	2	4	1	6	8

49

1	9	7	2	5	3	4	6	8
3	6	5	4	9	8	2	1	7
8	4	2	1	7	6	3	9	5
4	3	8	5	1	7	9	2	6
2	1	6	8	3	9	7	5	4
7	5	9	6	4	2	8	3	1
9	8	1	3	6	4	5	7	2
5	7	4	9	2	1	6	8	3
6	2	3	7	8	5	1	4	9

50

7	2	1	9	8	6	4	5	3
8	6	5	4	3	7	9	2	1
3	9	4	2	1	5	7	8	6
2	4	6	3	5	9	1	7	8
5	8	7	6	2	1	3	4	9
1	3	9	8	7	4	5	6	2
4	5	8	1	9	2	6	3	7
6	1	2	7	4	3	8	9	5
9	7	3	5	6	8	2	1	4

51

3	4	7	8	2	6	1	5	9
9	1	2	3	7	5	6	4	8
6	8	5	4	1	9	2	7	3
4	6	8	5	9	2	7	3	1
2	7	1	6	8	3	4	9	5
5	9	3	7	4	1	8	6	2
8	3	4	2	5	7	9	1	6
1	2	6	9	3	4	5	8	7
7	5	9	1	6	8	3	2	4

52

1	3	4	7	8	6	2	9	5
5	2	8	4	9	3	6	7	1
6	9	7	2	1	5	4	3	8
9	8	2	1	6	7	5	4	3
3	7	5	8	4	9	1	2	6
4	1	6	5	3	2	9	8	7
7	4	9	3	5	1	8	6	2
8	5	3	6	2	4	7	1	9
2	6	1	9	7	8	3	5	4

9	3	1	2	7	5	4	6	8
2	4	7	6	8	9	3	5	1
5	6	8	1	3	4	9	7	2
6	7	5	8	4	1	2	3	9
4	9	2	5	6	3	1	8	7
1	8	3	9	2	7	6	4	5
8	1	9	4	5	6	7	2	3
3	5	4	7	1	2	8	9	6
7	2	6	3	9	8	5	1	4

53

5	2	9	7	3	6	4	1	8
1	8	4	9	5	2	3	6	7
7	3	6	1	4	8	5	9	2
6	4	7	5	2	1	8	3	9
2	5	8	3	7	9	6	4	1
9	1	3	6	8	4	7	2	5
4	9	2	8	6	5	1	7	3
8	7	1	4	9	3	2	5	6
3	6	5	2	1	7	9	8	4

54

4	8	7	5	9	3	2	6	1
3	6	5	4	1	2	7	8	9
2	9	1	8	7	6	3	4	5
8	3	2	6	4	9	5	1	7
1	7	4	2	8	5	9	3	6
6	5	9	1	3	7	8	2	4
5	2	3	7	6	1	4	9	8
7	4	6	9	2	8	1	5	3
9	1	8	3	5	4	6	7	2

55

7	4	3	5	8	6	9	2	1
5	6	1	2	7	9	3	8	4
2	8	9	4	1	3	6	5	7
8	1	2	3	5	7	4	9	6
9	3	7	6	4	2	5	1	8
4	5	6	1	9	8	2	7	3
3	7	8	9	2	4	1	6	5
1	9	4	8	6	5	7	3	2
6	2	5	7	3	1	8	4	9

56

57

8	6	5	3	2	1	9	7	4
7	2	3	9	5	4	1	8	6
4	1	9	8	7	6	2	5	3
1	8	2	5	4	9	3	6	7
5	4	6	7	1	3	8	2	9
3	9	7	2	6	8	5	4	1
2	5	4	1	3	7	6	9	8
9	7	1	6	8	5	4	3	2
6	3	8	4	9	2	7	1	5

58

1	2	8	4	6	3	5	7	9
7	4	6	9	8	5	2	1	3
5	3	9	2	1	7	8	4	6
4	7	2	1	3	6	9	5	8
9	8	1	7	5	2	3	6	4
6	5	3	8	4	9	7	2	1
2	1	4	3	7	8	6	9	5
3	6	7	5	9	4	1	8	2
8	9	5	6	2	1	4	3	7

59

7	2	8	5	6	9	4	1	3
3	6	9	4	1	7	5	2	8
1	5	4	3	2	8	9	6	7
5	9	1	2	4	3	7	8	6
8	3	6	7	9	5	2	4	1
4	7	2	1	8	6	3	9	5
9	4	7	6	3	1	8	5	2
2	1	3	8	5	4	6	7	9
6	8	5	9	7	2	1	3	4

60

4	8	2	6	7	5	3	1	9
9	3	7	8	1	2	6	5	4
5	1	6	9	4	3	8	2	7
3	2	9	7	5	6	1	4	8
6	7	4	1	8	9	2	3	5
1	5	8	3	2	4	9	7	6
2	6	3	4	9	7	5	8	1
7	9	1	5	3	8	4	6	2
8	4	5	2	6	1	7	9	3

61

7	3	8	2	5	9	1	6	4
5	1	6	7	4	8	2	9	3
4	2	9	1	6	3	7	5	8
6	4	1	9	2	7	3	8	5
8	9	5	3	1	4	6	2	7
2	7	3	6	8	5	4	1	9
9	8	2	4	7	1	5	3	6
1	5	4	8	3	6	9	7	2
3	6	7	5	9	2	8	4	1

62

7	9	4	2	1	5	6	8	3
8	1	5	3	9	6	2	4	7
3	2	6	4	8	7	1	9	5
5	4	1	7	2	8	3	6	9
2	6	7	5	3	9	8	1	4
9	8	3	6	4	1	5	7	2
6	3	9	1	5	4	7	2	8
4	7	2	8	6	3	9	5	1
1	5	8	9	7	2	4	3	6

63

2	1	3	7	6	9	4	8	5
6	9	8	5	4	1	7	2	3
7	4	5	2	8	3	9	6	1
1	6	9	8	2	5	3	7	4
3	7	4	1	9	6	8	5	2
5	8	2	4	3	7	1	9	6
8	2	1	9	5	4	6	3	7
4	5	6	3	7	8	2	1	9
9	3	7	6	1	2	5	4	8

64

2	6	9	3	5	7	8	1	4
7	5	4	8	6	1	9	2	3
8	1	3	2	4	9	6	5	7
9	3	5	7	2	4	1	8	6
1	4	8	5	9	6	3	7	2
6	7	2	1	8	3	4	9	5
5	9	6	4	7	8	2	3	1
4	2	1	9	3	5	7	6	8
3	8	7	6	1	2	5	4	9

65

2	4	6	8	3	9	5	1	7
7	8	9	5	6	1	3	2	4
5	3	1	2	7	4	6	9	8
3	7	8	9	1	5	2	4	6
4	1	5	3	2	6	7	8	9
9	6	2	7	4	8	1	5	3
6	9	7	1	8	2	4	3	5
1	5	3	4	9	7	8	6	2
8	2	4	6	5	3	9	7	1

65

66

7	9	2	4	8	3	1	5	6
6	8	5	9	2	1	4	3	7
4	3	1	5	6	7	9	8	2
1	2	4	6	3	9	5	7	8
5	6	9	8	7	4	2	1	3
3	7	8	2	1	5	6	4	9
8	5	6	3	4	2	7	9	1
2	4	7	1	9	8	3	6	5
9	1	3	7	5	6	8	2	4

66

67

5	6	1	3	7	4	9	8	2
7	2	8	9	1	6	4	3	5
9	3	4	2	8	5	6	7	1
4	7	2	8	9	1	5	6	3
8	5	6	4	3	7	2	1	9
3	1	9	6	5	2	8	4	7
6	4	5	1	2	3	7	9	8
1	9	7	5	6	8	3	2	4
2	8	3	7	4	9	1	5	6

67

68

1	5	3	4	9	7	6	2	8
2	6	7	8	5	1	9	4	3
8	4	9	2	6	3	7	5	1
9	8	1	7	4	2	5	3	6
5	3	2	9	8	6	4	1	7
6	7	4	1	3	5	8	9	2
4	2	5	6	1	8	3	7	9
7	9	8	3	2	4	1	6	5
3	1	6	5	7	9	2	8	4

68

69

2	7	1	5	6	8	9	4	3
6	8	3	2	4	9	1	5	7
4	9	5	3	1	7	2	6	8
1	4	9	6	7	2	8	3	5
7	6	8	9	5	3	4	2	1
3	5	2	4	8	1	7	9	6
9	1	6	7	2	5	3	8	4
8	3	4	1	9	6	5	7	2
5	2	7	8	3	4	6	1	9

70

1	2	8	7	3	4	9	6	5
4	3	7	6	5	9	8	1	2
9	5	6	8	2	1	7	3	4
5	1	9	3	4	6	2	8	7
8	4	2	1	9	7	6	5	3
7	6	3	2	8	5	1	4	9
3	7	1	4	6	2	5	9	8
6	9	4	5	7	8	3	2	1
2	8	5	9	1	3	4	7	6

71

9	8	5	6	3	4	7	2	1
4	2	7	1	5	8	9	3	6
6	3	1	9	2	7	4	5	8
3	7	4	5	8	6	2	1	9
2	5	9	4	7	1	6	8	3
8	1	6	3	9	2	5	7	4
7	9	2	8	6	3	1	4	5
1	6	8	7	4	5	3	9	2
5	4	3	2	1	9	8	6	7

72

2	5	1	7	4	6	9	8	3
7	3	9	1	8	5	2	6	4
4	8	6	3	2	9	5	7	1
1	4	7	8	9	3	6	2	5
6	2	3	4	5	7	1	9	8
5	9	8	2	6	1	3	4	7
9	7	5	6	1	4	8	3	2
8	6	4	5	3	2	7	1	9
3	1	2	9	7	8	4	5	6

73

9	2	8	7	1	4	6	3	5
5	7	4	6	8	3	9	1	2
3	1	6	2	5	9	4	8	7
7	8	5	3	2	6	1	9	4
1	4	9	8	7	5	3	2	6
6	3	2	4	9	1	5	7	8
4	6	7	1	3	2	8	5	9
8	9	1	5	6	7	2	4	3
2	5	3	9	4	8	7	6	1

74

9	7	4	3	5	6	1	2	8
8	5	1	2	7	9	4	6	3
6	3	2	8	1	4	5	7	9
7	9	8	5	2	1	6	3	4
1	2	6	4	8	3	7	9	5
3	4	5	6	9	7	2	8	1
5	6	7	1	3	8	9	4	2
2	8	9	7	4	5	3	1	6
4	1	3	9	6	2	8	5	7

75

2	1	5	8	6	9	3	4	7
9	7	3	2	5	4	1	6	8
6	8	4	1	7	3	5	2	9
8	4	6	3	9	2	7	1	5
3	5	2	6	1	7	8	9	4
7	9	1	4	8	5	2	3	6
4	3	8	5	2	6	9	7	1
1	2	9	7	4	8	6	5	3
5	6	7	9	3	1	4	8	2

76

5	7	3	9	2	4	1	6	8
2	4	8	1	3	6	9	5	7
6	9	1	7	8	5	2	4	3
4	8	6	5	9	2	3	7	1
9	1	5	3	4	7	6	8	2
7	3	2	8	6	1	5	9	4
1	6	7	4	5	3	8	2	9
3	5	9	2	7	8	4	1	6
8	2	4	6	1	9	7	3	5

77

7	5	9	8	4	1	6	3	2
4	1	6	3	9	2	5	8	7
3	8	2	5	6	7	4	1	9
9	4	8	6	5	3	7	2	1
1	3	5	7	2	8	9	6	4
2	6	7	4	1	9	3	5	8
5	7	1	9	8	6	2	4	3
8	9	4	2	3	5	1	7	6
6	2	3	1	7	4	8	9	5

78

2	7	6	8	9	1	4	3	5
8	4	5	3	2	7	6	9	1
9	1	3	4	5	6	7	8	2
1	6	8	9	7	4	2	5	3
5	2	9	6	3	8	1	4	7
7	3	4	5	1	2	9	6	8
4	9	1	2	8	3	5	7	6
6	8	7	1	4	5	3	2	9
3	5	2	7	6	9	8	1	4

79

1	9	6	8	7	2	5	3	4
3	8	5	4	9	1	2	6	7
2	7	4	6	3	5	8	9	1
9	4	3	1	2	6	7	5	8
6	1	8	7	5	9	3	4	2
5	2	7	3	4	8	6	1	9
4	3	1	5	8	7	9	2	6
8	6	2	9	1	3	4	7	5
7	5	9	2	6	4	1	8	3

80

2	9	6	1	4	7	5	8	3
8	7	1	3	2	5	6	9	4
4	3	5	9	6	8	7	1	2
1	4	3	7	9	6	8	2	5
9	6	2	8	5	1	4	3	7
7	5	8	4	3	2	9	6	1
6	8	4	2	7	3	1	5	9
3	1	7	5	8	9	2	4	6
5	2	9	6	1	4	3	7	8

81

4	7	6	1	9	5	3	2	8
9	8	2	3	7	6	5	1	4
3	5	1	4	2	8	7	6	9
6	3	4	7	1	9	8	5	2
1	2	5	8	3	4	9	7	6
8	9	7	5	6	2	4	3	1
2	4	9	6	5	3	1	8	7
7	6	3	9	8	1	2	4	5
5	1	8	2	4	7	6	9	3

82

9	6	7	4	8	5	2	3	1
4	3	8	1	6	2	5	9	7
2	5	1	9	3	7	8	4	6
3	7	2	5	1	9	4	6	8
6	1	9	2	4	8	3	7	5
5	8	4	6	7	3	9	1	2
8	9	3	7	5	1	6	2	4
7	4	5	3	2	6	1	8	9
1	2	6	8	9	4	7	5	3

83

7	9	1	4	2	8	5	6	3
4	8	5	9	6	3	2	7	1
2	3	6	5	1	7	8	4	9
3	6	4	1	8	9	7	5	2
8	2	9	7	3	5	4	1	6
1	5	7	2	4	6	3	9	8
5	7	8	6	9	2	1	3	4
6	4	3	8	7	1	9	2	5
9	1	2	3	5	4	6	8	7

84

8	2	3	4	1	9	5	7	6
7	4	6	3	5	2	8	1	9
1	9	5	7	8	6	3	4	2
4	6	8	5	2	7	9	3	1
2	3	9	6	4	1	7	8	5
5	1	7	8	9	3	6	2	4
6	8	4	1	3	5	2	9	7
3	5	2	9	7	4	1	6	8
9	7	1	2	6	8	4	5	3

85

7	3	9	4	8	2	6	1	5
6	5	2	9	7	1	4	3	8
4	1	8	6	3	5	7	9	2
1	6	5	3	9	4	2	8	7
3	2	7	1	6	8	5	4	9
8	9	4	5	2	7	3	6	1
5	4	6	2	1	9	8	7	3
9	7	3	8	5	6	1	2	4
2	8	1	7	4	3	9	5	6

86

8	2	1	7	9	4	6	5	3
7	4	9	5	6	3	1	2	8
3	6	5	1	8	2	7	4	9
6	5	7	9	1	8	2	3	4
1	8	2	4	3	6	5	9	7
9	3	4	2	7	5	8	6	1
2	7	3	8	5	9	4	1	6
4	9	8	6	2	1	3	7	5
5	1	6	3	4	7	9	8	2

87

2	9	7	8	4	3	5	1	6
4	1	8	5	6	2	3	7	9
3	6	5	7	9	1	2	4	8
9	2	4	6	8	7	1	5	3
6	7	1	3	5	4	9	8	2
5	8	3	1	2	9	7	6	4
7	5	9	4	3	6	8	2	1
1	3	6	2	7	8	4	9	5
8	4	2	9	1	5	6	3	7

88

8	4	1	9	3	2	5	6	7
5	6	2	4	1	7	3	8	9
3	7	9	5	8	6	1	2	4
4	2	8	6	5	9	7	3	1
7	9	3	8	2	1	4	5	6
1	5	6	7	4	3	8	9	2
2	1	7	3	6	8	9	4	5
6	8	5	1	9	4	2	7	3
9	3	4	2	7	5	6	1	8

89

9	1	6	2	8	4	3	5	7
2	7	8	3	5	6	1	9	4
5	4	3	7	1	9	2	6	8
4	9	5	1	6	2	7	8	3
8	2	7	5	4	3	6	1	9
6	3	1	9	7	8	4	2	5
1	5	2	4	9	7	8	3	6
3	6	4	8	2	5	9	7	1
7	8	9	6	3	1	5	4	2

90

8	6	5	2	3	9	4	7	1
4	3	1	7	5	6	2	9	8
7	9	2	1	8	4	3	5	6
5	1	6	8	9	3	7	4	2
3	7	4	5	2	1	6	8	9
2	8	9	6	4	7	5	1	3
1	2	8	3	7	5	9	6	4
6	4	7	9	1	2	8	3	5
9	5	3	4	6	8	1	2	7

91

1	2	4	6	9	8	7	3	5
6	8	9	3	5	7	1	4	2
7	5	3	1	4	2	9	6	8
5	4	6	8	3	1	2	7	9
3	9	2	7	6	5	4	8	1
8	1	7	9	2	4	3	5	6
9	6	5	2	7	3	8	1	4
2	7	1	4	8	6	5	9	3
4	3	8	5	1	9	6	2	7

92

8	7	1	3	5	9	6	2	4
9	2	3	4	7	6	5	1	8
5	4	6	1	2	8	9	7	3
6	1	4	2	8	3	7	5	9
3	8	2	5	9	7	1	4	6
7	5	9	6	1	4	8	3	2
4	3	5	9	6	1	2	8	7
1	9	7	8	3	2	4	6	5
2	6	8	7	4	5	3	9	1

93

2	3	1	5	4	6	8	9	7
6	7	9	2	8	3	1	5	4
4	8	5	9	1	7	3	2	6
1	2	7	8	9	5	6	4	3
9	4	8	3	6	1	5	7	2
3	5	6	4	7	2	9	1	8
5	1	3	7	2	8	4	6	9
7	6	4	1	3	9	2	8	5
8	9	2	6	5	4	7	3	1

94

3	1	4	6	5	8	2	9	7
8	7	9	3	1	2	4	6	5
6	5	2	9	4	7	3	1	8
4	6	7	2	8	3	1	5	9
1	3	8	5	9	4	6	7	2
2	9	5	7	6	1	8	3	4
7	8	6	4	3	9	5	2	1
5	2	1	8	7	6	9	4	3
9	4	3	1	2	5	7	8	6

95

7	1	6	8	2	3	5	4	9
2	3	5	9	4	7	6	8	1
8	9	4	6	1	5	7	2	3
9	4	7	1	5	8	2	3	6
5	8	1	3	6	2	4	9	7
3	6	2	4	7	9	8	1	5
4	5	3	2	9	6	1	7	8
6	2	9	7	8	1	3	5	4
1	7	8	5	3	4	9	6	2

96

7	9	8	5	2	6	4	3	1
5	1	6	4	3	8	7	2	9
3	2	4	1	9	7	5	8	6
2	4	1	8	5	3	6	9	7
8	7	3	6	4	9	1	5	2
6	5	9	7	1	2	3	4	8
4	3	7	9	8	1	2	6	5
9	6	2	3	7	5	8	1	4
1	8	5	2	6	4	9	7	3

97

6	2	4	3	5	1	8	9	7
7	1	5	8	9	4	6	2	3
9	3	8	2	7	6	5	4	1
1	4	7	5	2	8	9	3	6
8	9	6	4	1	3	2	7	5
2	5	3	7	6	9	4	1	8
3	7	2	9	8	5	1	6	4
4	8	1	6	3	2	7	5	9
5	6	9	1	4	7	3	8	2

98

5	8	2	1	7	9	4	3	6
4	3	9	8	6	2	7	5	1
1	7	6	3	5	4	8	2	9
9	6	8	2	1	7	3	4	5
2	1	5	4	3	8	6	9	7
7	4	3	6	9	5	2	1	8
6	5	7	9	4	3	1	8	2
3	2	1	5	8	6	9	7	4
8	9	4	7	2	1	5	6	3

99

7	2	5	9	8	3	6	4	1
1	8	4	2	7	6	5	3	9
9	3	6	4	1	5	8	7	2
2	6	8	1	9	4	7	5	3
5	7	9	3	6	2	4	1	8
3	4	1	8	5	7	2	9	6
6	9	3	7	4	8	1	2	5
8	1	7	5	2	9	3	6	4
4	5	2	6	3	1	9	8	7

100

9	1	4	6	2	7	5	3	8
6	5	2	8	1	3	4	7	9
7	8	3	9	5	4	2	6	1
8	7	5	4	3	2	1	9	6
4	9	1	5	6	8	3	2	7
3	2	6	7	9	1	8	4	5
1	4	9	3	7	5	6	8	2
2	6	8	1	4	9	7	5	3
5	3	7	2	8	6	9	1	4

101

6	5	8	7	2	4	3	9	1
9	7	4	6	1	3	8	2	5
3	1	2	9	5	8	4	6	7
4	9	1	2	6	5	7	3	8
2	6	5	8	3	7	1	4	9
8	3	7	4	9	1	6	5	2
7	4	6	5	8	9	2	1	3
1	8	9	3	4	2	5	7	6
5	2	3	1	7	6	9	8	4

102

4	5	8	1	6	2	3	7	9
2	6	9	3	7	5	1	8	4
1	3	7	4	8	9	6	5	2
9	7	6	5	2	3	8	4	1
5	2	3	8	1	4	7	9	6
8	1	4	7	9	6	5	2	3
3	8	2	9	5	1	4	6	7
7	9	1	6	4	8	2	3	5
6	4	5	2	3	7	9	1	8

103

7	4	3	6	8	9	2	1	5
8	2	5	1	7	4	9	3	6
9	1	6	2	5	3	4	8	7
3	5	8	9	2	1	7	6	4
2	7	4	3	6	8	1	5	9
1	6	9	5	4	7	3	2	8
4	3	7	8	1	6	5	9	2
6	9	2	7	3	5	8	4	1
5	8	1	4	9	2	6	7	3

104

9	2	3	1	8	5	7	6	4
4	8	7	2	3	6	5	9	1
1	6	5	4	9	7	8	3	2
8	9	2	6	5	3	4	1	7
6	5	4	8	7	1	3	2	9
3	7	1	9	2	4	6	5	8
5	1	9	7	6	8	2	4	3
2	3	8	5	4	9	1	7	6
7	4	6	3	1	2	9	8	5

105

2	6	9	3	5	4	7	8	1
3	5	4	8	1	7	9	6	2
7	8	1	9	2	6	3	5	4
8	1	5	4	7	9	6	2	3
4	9	7	2	6	3	8	1	5
6	2	3	5	8	1	4	9	7
1	3	6	7	9	2	5	4	8
9	7	8	1	4	5	2	3	6
5	4	2	6	3	8	1	7	9

106

5	4	2	1	3	9	7	6	8
1	3	6	8	7	4	2	5	9
8	7	9	2	6	5	4	1	3
3	6	8	4	1	2	9	7	5
4	1	7	5	9	6	8	3	2
9	2	5	3	8	7	1	4	6
7	8	4	9	5	3	6	2	1
2	9	3	6	4	1	5	8	7
6	5	1	7	2	8	3	9	4

107

1	2	3	8	5	9	6	7	4
7	8	6	3	4	2	5	9	1
4	9	5	7	1	6	3	2	8
3	5	7	1	2	8	9	4	6
6	1	2	4	9	5	7	8	3
8	4	9	6	7	3	2	1	5
9	6	1	2	3	4	8	5	7
2	7	8	5	6	1	4	3	9
5	3	4	9	8	7	1	6	2

108

2	5	4	9	6	1	8	7	3
7	1	6	8	3	5	4	2	9
9	8	3	2	4	7	1	6	5
4	3	1	7	5	6	2	9	8
8	6	2	3	1	9	7	5	4
5	9	7	4	8	2	3	1	6
1	4	9	6	7	8	5	3	2
6	7	8	5	2	3	9	4	1
3	2	5	1	9	4	6	8	7

109

4	5	6	3	8	7	2	9	1
7	2	8	1	9	6	5	3	4
9	3	1	2	4	5	7	6	8
1	8	2	9	7	4	6	5	3
3	9	7	5	6	1	8	4	2
5	6	4	8	3	2	1	7	9
2	4	9	6	5	8	3	1	7
6	1	3	7	2	9	4	8	5
8	7	5	4	1	3	9	2	6

110

4	8	1	5	3	2	6	9	7
6	7	5	1	9	8	2	4	3
9	3	2	4	6	7	5	8	1
2	4	8	6	7	5	3	1	9
3	6	7	9	8	1	4	2	5
1	5	9	2	4	3	7	6	8
5	2	6	7	1	9	8	3	4
8	1	4	3	5	6	9	7	2
7	9	3	8	2	4	1	5	6

111

2	1	9	5	6	8	7	4	3
3	7	8	4	1	2	9	6	5
4	6	5	7	3	9	2	8	1
1	9	6	2	5	3	4	7	8
8	4	2	9	7	1	5	3	6
7	5	3	6	8	4	1	9	2
9	8	4	1	2	6	3	5	7
6	2	7	3	4	5	8	1	9
5	3	1	8	9	7	6	2	4

112

8	9	7	3	2	4	1	6	5
1	6	3	9	5	7	2	4	8
5	2	4	1	8	6	7	3	9
4	8	1	6	7	3	9	5	2
9	5	2	4	1	8	6	7	3
7	3	6	2	9	5	4	8	1
2	7	5	8	4	1	3	9	6
3	4	9	5	6	2	8	1	7
6	1	8	7	3	9	5	2	4

113

8	5	3	6	4	9	1	2	7
9	2	1	3	7	5	4	8	6
6	4	7	1	8	2	9	5	3
3	8	5	4	2	1	6	7	9
2	7	9	5	6	3	8	4	1
4	1	6	8	9	7	5	3	2
7	9	8	2	1	4	3	6	5
5	6	2	9	3	8	7	1	4
1	3	4	7	5	6	2	9	8

114

2	9	6	8	1	3	5	7	4
3	1	8	5	4	7	2	9	6
4	5	7	2	9	6	8	3	1
7	2	3	6	5	1	4	8	9
8	4	5	9	7	2	1	6	3
9	6	1	4	3	8	7	2	5
1	3	4	7	8	9	6	5	2
6	8	9	1	2	5	3	4	7
5	7	2	3	6	4	9	1	8

115

1	6	7	3	5	2	4	9	8
8	4	2	9	1	7	3	6	5
5	3	9	4	8	6	1	7	2
7	8	1	2	3	4	9	5	6
2	5	4	1	6	9	8	3	7
6	9	3	5	7	8	2	1	4
9	7	8	6	2	3	5	4	1
4	2	5	7	9	1	6	8	3
3	1	6	8	4	5	7	2	9

116

4	8	9	2	1	7	5	3	6
6	7	2	5	9	3	4	8	1
1	3	5	8	6	4	9	7	2
2	5	7	3	8	6	1	9	4
8	6	1	9	4	2	3	5	7
3	9	4	7	5	1	6	2	8
9	2	6	4	7	5	8	1	3
5	4	3	1	2	8	7	6	9
7	1	8	6	3	9	2	4	5

117

9	5	7	2	3	4	8	6	1
6	4	8	7	5	1	2	9	3
2	1	3	8	6	9	5	4	7
3	6	4	9	1	8	7	2	5
7	2	5	3	4	6	1	8	9
8	9	1	5	7	2	6	3	4
1	7	2	6	9	3	4	5	8
4	8	9	1	2	5	3	7	6
5	3	6	4	8	7	9	1	2

118

2	6	4	9	1	3	5	8	7
3	9	1	5	8	7	6	2	4
8	5	7	2	4	6	9	3	1
9	4	6	3	5	2	1	7	8
1	2	8	7	9	4	3	6	5
7	3	5	1	6	8	2	4	9
4	8	9	6	3	5	7	1	2
6	1	2	8	7	9	4	5	3
5	7	3	4	2	1	8	9	6

119

8	5	3	1	6	9	7	4	2
2	1	9	7	5	4	8	6	3
4	7	6	2	8	3	9	5	1
3	4	8	5	1	7	6	2	9
5	2	7	9	3	6	1	8	4
9	6	1	8	4	2	3	7	5
6	3	2	4	7	1	5	9	8
1	8	4	6	9	5	2	3	7
7	9	5	3	2	8	4	1	6

120

6	9	2	4	1	5	3	8	7
4	7	8	6	2	3	5	1	9
1	3	5	9	7	8	6	4	2
9	1	3	7	4	6	2	5	8
5	4	6	3	8	2	9	7	1
2	8	7	1	5	9	4	3	6
8	5	4	2	6	7	1	9	3
7	6	9	5	3	1	8	2	4
3	2	1	8	9	4	7	6	5

121

3	5	4	9	2	7	6	1	8
7	1	6	5	8	4	2	9	3
9	8	2	1	3	6	7	4	5
2	4	8	3	7	9	1	5	6
5	9	1	4	6	8	3	7	2
6	7	3	2	5	1	9	8	4
1	6	9	8	4	3	5	2	7
4	3	5	7	9	2	8	6	1
8	2	7	6	1	5	4	3	9

122

2	5	1	3	8	7	9	4	6
9	6	8	4	2	1	3	7	5
7	3	4	9	5	6	1	2	8
6	8	2	5	3	9	4	1	7
5	4	9	7	1	8	6	3	2
1	7	3	6	4	2	5	8	9
8	2	5	1	6	3	7	9	4
4	1	7	2	9	5	8	6	3
3	9	6	8	7	4	2	5	1

123

9	7	2	6	4	8	3	1	5
8	3	4	1	9	5	6	7	2
5	6	1	7	3	2	4	9	8
2	5	3	4	6	1	9	8	7
7	1	6	8	5	9	2	4	3
4	9	8	3	2	7	1	5	6
6	4	5	9	7	3	8	2	1
3	8	7	2	1	4	5	6	9
1	2	9	5	8	6	7	3	4

124

4	5	7	3	1	9	2	8	6
2	6	9	7	5	8	1	3	4
1	8	3	4	6	2	5	7	9
8	4	1	6	3	7	9	2	5
7	9	5	8	2	4	3	6	1
6	3	2	1	9	5	8	4	7
3	7	4	9	8	1	6	5	2
9	2	6	5	4	3	7	1	8
5	1	8	2	7	6	4	9	3

125

4	5	8	3	2	6	7	9	1
1	7	6	4	9	5	8	2	3
2	3	9	7	8	1	4	6	5
3	6	7	1	4	2	9	5	8
9	2	5	8	7	3	6	1	4
8	4	1	5	6	9	3	7	2
7	8	2	9	5	4	1	3	6
5	1	4	6	3	7	2	8	9
6	9	3	2	1	8	5	4	7

126

4	9	2	3	8	6	1	7	5
6	1	7	2	5	4	8	9	3
8	3	5	7	9	1	2	4	6
1	7	9	8	6	3	4	5	2
2	6	8	5	4	7	9	3	1
3	5	4	9	1	2	7	6	8
9	4	1	6	2	5	3	8	7
5	2	3	4	7	8	6	1	9
7	8	6	1	3	9	5	2	4

127

5	3	7	1	4	8	6	2	9
8	2	9	6	5	7	4	1	3
1	4	6	2	9	3	8	5	7
2	5	1	7	8	4	3	9	6
6	8	3	9	1	2	5	7	4
9	7	4	5	3	6	1	8	2
3	9	8	4	7	1	2	6	5
4	6	5	8	2	9	7	3	1
7	1	2	3	6	5	9	4	8

128

4	3	6	9	2	5	1	8	7
9	2	5	1	7	8	6	4	3
8	7	1	3	4	6	2	5	9
7	6	9	2	1	4	5	3	8
3	5	8	7	6	9	4	2	1
2	1	4	8	5	3	9	7	6
1	4	3	6	8	2	7	9	5
6	8	2	5	9	7	3	1	4
5	9	7	4	3	1	8	6	2

129

7	3	6	9	2	1	8	4	5
5	9	4	8	7	6	2	3	1
2	1	8	3	4	5	6	9	7
4	5	7	1	9	8	3	6	2
8	2	1	6	3	4	7	5	9
9	6	3	2	5	7	1	8	4
6	7	5	4	8	2	9	1	3
3	8	2	5	1	9	4	7	6
1	4	9	7	6	3	5	2	8

130

1	7	2	4	3	5	6	9	8
8	3	6	9	2	1	5	7	4
9	5	4	7	6	8	2	3	1
3	1	8	6	4	2	7	5	9
2	9	5	3	8	7	4	1	6
6	4	7	5	1	9	3	8	2
5	6	3	8	9	4	1	2	7
7	2	9	1	5	6	8	4	3
4	8	1	2	7	3	9	6	5

131

6	1	8	7	5	9	4	3	2
4	9	3	1	8	2	7	5	6
5	7	2	3	6	4	1	9	8
8	6	7	5	2	3	9	4	1
2	3	4	8	9	1	6	7	5
9	5	1	4	7	6	2	8	3
3	8	9	6	1	7	5	2	4
7	4	6	2	3	5	8	1	9
1	2	5	9	4	8	3	6	7

132

7	9	5	3	4	1	6	2	8
2	4	1	8	6	7	3	9	5
8	6	3	2	5	9	7	4	1
5	2	8	9	7	3	1	6	4
3	1	4	5	2	6	8	7	9
6	7	9	4	1	8	5	3	2
1	8	2	7	3	4	9	5	6
4	3	6	1	9	5	2	8	7
9	5	7	6	8	2	4	1	3

133

3	4	1	8	6	7	9	2	5
8	9	5	2	3	1	4	7	6
6	2	7	9	5	4	1	3	8
2	7	9	4	8	6	3	5	1
4	5	8	1	2	3	7	6	9
1	3	6	5	7	9	2	8	4
5	1	3	7	4	8	6	9	2
9	6	2	3	1	5	8	4	7
7	8	4	6	9	2	5	1	3

134

9	3	4	6	8	7	2	5	1
5	2	7	4	1	3	9	6	8
6	8	1	9	2	5	7	4	3
2	9	5	7	4	1	3	8	6
1	6	8	3	9	2	4	7	5
4	7	3	8	5	6	1	9	2
7	5	6	2	3	4	8	1	9
3	1	9	5	7	8	6	2	4
8	4	2	1	6	9	5	3	7

135

9	1	2	6	4	7	5	3	8
5	4	8	2	3	9	6	7	1
6	3	7	8	1	5	2	9	4
2	8	1	4	9	6	7	5	3
4	7	6	3	5	1	8	2	9
3	9	5	7	8	2	4	1	6
8	5	4	1	2	3	9	6	7
1	6	9	5	7	4	3	8	2
7	2	3	9	6	8	1	4	5

136

6	9	3	1	7	8	2	4	5
7	5	2	9	3	4	8	1	6
8	1	4	6	2	5	3	7	9
1	2	5	3	8	6	4	9	7
3	4	7	5	9	2	6	8	1
9	6	8	7	4	1	5	2	3
4	3	1	8	5	7	9	6	2
5	8	6	2	1	9	7	3	4
2	7	9	4	6	3	1	5	8

137

8	3	4	6	1	9	2	7	5
5	2	6	8	4	7	3	1	9
1	7	9	5	3	2	6	4	8
7	5	1	3	6	4	9	8	2
6	8	2	1	9	5	7	3	4
9	4	3	2	7	8	5	6	1
3	9	5	4	8	6	1	2	7
4	1	7	9	2	3	8	5	6
2	6	8	7	5	1	4	9	3

138

7	2	1	6	3	9	5	4	8
4	5	3	8	2	1	6	9	7
6	9	8	7	5	4	1	2	3
2	3	5	1	7	6	4	8	9
9	7	4	3	8	5	2	6	1
1	8	6	9	4	2	3	7	5
3	6	2	5	9	8	7	1	4
5	4	9	2	1	7	8	3	6
8	1	7	4	6	3	9	5	2

139

9	8	2	3	5	4	7	6	1
7	4	5	1	6	2	3	8	9
6	3	1	8	9	7	5	4	2
2	9	8	6	7	1	4	3	5
1	6	4	5	8	3	9	2	7
3	5	7	4	2	9	8	1	6
4	7	9	2	3	6	1	5	8
8	2	3	7	1	5	6	9	4
5	1	6	9	4	8	2	7	3

140

5	6	3	7	4	9	8	1	2
7	2	4	8	6	1	5	9	3
8	1	9	3	2	5	4	6	7
1	9	8	2	5	3	6	7	4
2	3	7	6	1	4	9	5	8
6	4	5	9	8	7	3	2	1
3	5	2	4	7	6	1	8	9
4	7	1	5	9	8	2	3	6
9	8	6	1	3	2	7	4	5

141

3	1	6	8	7	9	2	5	4
4	5	9	1	3	2	6	8	7
8	7	2	5	6	4	9	1	3
5	9	3	4	1	6	8	7	2
6	4	1	2	8	7	3	9	5
2	8	7	3	9	5	1	4	6
7	3	4	9	2	1	5	6	8
1	6	8	7	5	3	4	2	9
9	2	5	6	4	8	7	3	1

142

6	2	4	3	5	1	8	9	7
9	7	3	2	6	8	4	1	5
1	8	5	7	4	9	3	2	6
7	6	8	9	2	3	5	4	1
4	5	1	6	8	7	2	3	9
3	9	2	4	1	5	6	7	8
8	1	9	5	3	2	7	6	4
2	4	7	8	9	6	1	5	3
5	3	6	1	7	4	9	8	2

143

9	6	2	3	5	7	4	8	1
7	5	8	4	6	1	2	9	3
1	3	4	2	8	9	7	5	6
2	7	3	5	4	8	6	1	9
8	4	5	9	1	6	3	2	7
6	1	9	7	3	2	8	4	5
3	2	1	8	7	5	9	6	4
4	8	6	1	9	3	5	7	2
5	9	7	6	2	4	1	3	8

144

3	7	6	2	5	4	1	9	8
1	2	8	7	9	3	4	6	5
4	5	9	8	1	6	3	2	7
5	1	7	6	3	9	8	4	2
6	9	2	5	4	8	7	3	1
8	4	3	1	2	7	6	5	9
7	3	4	9	8	5	2	1	6
9	6	1	3	7	2	5	8	4
2	8	5	4	6	1	9	7	3

145

6	8	4	2	1	7	5	3	9
2	9	3	4	8	5	7	6	1
1	5	7	3	9	6	2	4	8
4	1	2	5	7	3	8	9	6
7	6	8	9	4	2	1	5	3
9	3	5	8	6	1	4	2	7
8	7	9	6	2	4	3	1	5
5	4	6	1	3	8	9	7	2
3	2	1	7	5	9	6	8	4

146

3	4	9	6	7	8	5	1	2
5	1	8	9	4	2	6	3	7
2	6	7	5	1	3	8	4	9
1	7	3	8	6	4	9	2	5
4	8	5	7	2	9	1	6	3
6	9	2	1	3	5	4	7	8
9	2	4	3	8	6	7	5	1
7	5	6	2	9	1	3	8	4
8	3	1	4	5	7	2	9	6

147

1	5	8	4	3	7	2	9	6
3	2	9	1	6	8	7	4	5
7	4	6	2	5	9	8	3	1
6	3	4	5	8	2	1	7	9
9	1	5	3	7	4	6	2	8
8	7	2	6	9	1	3	5	4
2	9	3	8	1	5	4	6	7
5	6	1	7	4	3	9	8	2
4	8	7	9	2	6	5	1	3

148

1	4	8	2	3	5	7	9	6
6	2	5	7	9	4	3	1	8
7	3	9	1	8	6	2	4	5
5	1	3	6	4	2	8	7	9
2	9	6	3	7	8	4	5	1
4	8	7	5	1	9	6	2	3
9	7	1	8	2	3	5	6	4
8	6	2	4	5	1	9	3	7
3	5	4	9	6	7	1	8	2

149

1	2	5	4	7	6	9	3	8
7	3	9	2	8	1	6	5	4
4	8	6	5	9	3	1	2	7
9	1	4	7	3	5	2	8	6
3	6	7	8	2	9	5	4	1
8	5	2	6	1	4	3	7	9
2	9	8	3	6	7	4	1	5
6	4	3	1	5	8	7	9	2
5	7	1	9	4	2	8	6	3

150

5	8	9	2	6	7	4	1	3
3	6	2	9	4	1	8	7	5
4	1	7	8	3	5	2	9	6
8	3	6	5	2	9	1	4	7
1	7	4	6	8	3	9	5	2
2	9	5	7	1	4	6	3	8
6	5	1	3	9	2	7	8	4
7	4	8	1	5	6	3	2	9
9	2	3	4	7	8	5	6	1

151

4	5	9	7	3	1	2	6	8
6	1	2	8	5	4	9	7	3
7	8	3	9	2	6	5	4	1
9	7	1	3	4	8	6	5	2
5	6	4	1	7	2	8	3	9
2	3	8	5	6	9	7	1	4
8	4	6	2	1	7	3	9	5
1	2	5	6	9	3	4	8	7
3	9	7	4	8	5	1	2	6

152

5	7	2	6	8	1	3	9	4
6	1	4	5	3	9	7	2	8
3	8	9	7	4	2	6	1	5
8	2	5	1	6	7	4	3	9
7	9	1	4	5	3	2	8	6
4	3	6	2	9	8	5	7	1
1	5	3	9	7	4	8	6	2
2	6	7	8	1	5	9	4	3
9	4	8	3	2	6	1	5	7

153

5	8	4	9	6	7	2	1	3
7	1	2	3	5	8	6	9	4
6	3	9	1	4	2	7	5	8
9	4	3	6	7	5	8	2	1
2	5	8	4	1	3	9	7	6
1	6	7	8	2	9	4	3	5
4	9	6	7	3	1	5	8	2
8	2	1	5	9	6	3	4	7
3	7	5	2	8	4	1	6	9

154

3	2	1	4	9	6	8	5	7
8	5	4	7	3	1	2	6	9
9	6	7	5	2	8	4	3	1
2	4	8	9	1	5	3	7	6
7	3	5	8	6	2	1	9	4
1	9	6	3	7	4	5	2	8
5	1	3	6	4	9	7	8	2
4	8	9	2	5	7	6	1	3
6	7	2	1	8	3	9	4	5

155

9	7	8	1	4	2	3	5	6
2	4	6	3	8	5	1	7	9
5	3	1	6	7	9	2	4	8
8	9	4	2	5	6	7	3	1
1	6	7	4	9	3	8	2	5
3	5	2	8	1	7	6	9	4
7	2	9	5	6	8	4	1	3
6	1	3	9	2	4	5	8	7
4	8	5	7	3	1	9	6	2

156

2	8	6	3	1	4	7	9	5
1	9	5	7	8	2	4	6	3
7	4	3	9	5	6	2	1	8
5	3	1	4	7	9	6	8	2
9	2	4	5	6	8	3	7	1
6	7	8	1	2	3	9	5	4
3	5	9	6	4	1	8	2	7
8	6	7	2	3	5	1	4	9
4	1	2	8	9	7	5	3	6

157

9	1	6	7	5	2	4	3	8
2	5	4	1	3	8	9	7	6
8	3	7	9	4	6	2	1	5
6	9	3	4	8	1	5	2	7
4	8	1	5	2	7	6	9	3
7	2	5	3	6	9	8	4	1
3	4	9	6	7	5	1	8	2
1	6	2	8	9	3	7	5	4
5	7	8	2	1	4	3	6	9

158

3	2	1	6	5	4	9	7	8
5	7	6	8	1	9	3	4	2
8	4	9	3	2	7	1	6	5
2	9	4	1	3	5	6	8	7
7	3	5	9	6	8	4	2	1
1	6	8	7	4	2	5	9	3
6	5	7	4	8	1	2	3	9
4	8	2	5	9	3	7	1	6
9	1	3	2	7	6	8	5	4

159

1	8	6	4	5	2	3	7	9
5	9	2	6	7	3	8	1	4
3	4	7	8	1	9	2	6	5
2	1	9	3	4	8	7	5	6
4	6	3	7	2	5	1	9	8
8	7	5	1	9	6	4	3	2
6	2	4	9	3	7	5	8	1
9	3	1	5	8	4	6	2	7
7	5	8	2	6	1	9	4	3

160

4	3	5	9	6	7	8	1	2
2	7	9	8	1	3	4	5	6
1	6	8	4	2	5	7	9	3
9	2	3	7	8	6	5	4	1
8	4	6	5	9	1	2	3	7
5	1	7	3	4	2	9	6	8
3	5	1	2	7	4	6	8	9
6	9	2	1	5	8	3	7	4
7	8	4	6	3	9	1	2	5

161

7	8	5	1	2	6	3	9	4
2	1	3	9	8	4	7	5	6
9	6	4	7	5	3	2	8	1
6	5	9	2	4	8	1	7	3
8	4	2	3	1	7	5	6	9
1	3	7	6	9	5	8	4	2
3	9	8	4	7	1	6	2	5
4	7	6	5	3	2	9	1	8
5	2	1	8	6	9	4	3	7

162

1	4	7	5	3	8	6	9	2
3	5	8	9	2	6	4	1	7
6	9	2	4	1	7	8	5	3
2	6	5	1	8	9	7	3	4
4	7	3	6	5	2	9	8	1
9	8	1	3	7	4	5	2	6
8	1	6	7	9	3	2	4	5
7	3	9	2	4	5	1	6	8
5	2	4	8	6	1	3	7	9

163

7	2	8	9	3	4	5	6	1
9	6	4	5	2	1	8	3	7
5	3	1	6	8	7	4	2	9
3	9	7	8	4	2	1	5	6
8	4	2	1	6	5	7	9	3
1	5	6	3	7	9	2	4	8
6	1	5	4	9	8	3	7	2
4	7	9	2	1	3	6	8	5
2	8	3	7	5	6	9	1	4

164

5	6	2	4	7	3	1	8	9
9	1	3	2	8	6	5	4	7
7	8	4	1	5	9	6	2	3
3	4	7	8	1	2	9	6	5
2	5	1	6	9	7	8	3	4
8	9	6	5	3	4	7	1	2
4	2	9	7	6	8	3	5	1
1	3	8	9	2	5	4	7	6
6	7	5	3	4	1	2	9	8

165

6	8	3	7	1	9	4	2	5
1	4	7	3	2	5	9	8	6
5	2	9	4	6	8	1	7	3
3	7	4	8	9	2	6	5	1
8	9	1	6	5	4	2	3	7
2	6	5	1	3	7	8	4	9
7	1	2	5	4	6	3	9	8
4	3	8	9	7	1	5	6	2
9	5	6	2	8	3	7	1	4

166

9	3	1	2	7	4	8	6	5
7	4	5	6	8	9	2	1	3
6	8	2	5	1	3	9	7	4
1	2	4	3	5	8	7	9	6
5	7	6	4	9	1	3	8	2
8	9	3	7	2	6	5	4	1
2	5	9	1	4	7	6	3	8
4	6	8	9	3	2	1	5	7
3	1	7	8	6	5	4	2	9

167

3	6	7	1	5	2	8	9	4
8	5	2	4	9	3	6	7	1
1	9	4	6	7	8	2	3	5
2	3	8	7	4	9	1	5	6
5	4	6	3	8	1	9	2	7
9	7	1	5	2	6	4	8	3
4	2	3	8	1	7	5	6	9
7	1	9	2	6	5	3	4	8
6	8	5	9	3	4	7	1	2

168

1	8	6	5	9	3	2	4	7
7	5	4	2	1	6	8	9	3
9	2	3	8	4	7	1	5	6
8	3	7	9	2	4	5	6	1
4	6	2	1	7	5	3	8	9
5	9	1	3	6	8	7	2	4
6	1	5	7	8	9	4	3	2
3	7	9	4	5	2	6	1	8
2	4	8	6	3	1	9	7	5

169

7	6	4	8	9	2	5	1	3
2	3	5	6	1	4	8	7	9
9	8	1	3	5	7	4	2	6
1	9	3	2	4	5	6	8	7
4	7	6	1	3	8	9	5	2
5	2	8	7	6	9	1	3	4
8	4	2	5	7	6	3	9	1
6	1	7	9	8	3	2	4	5
3	5	9	4	2	1	7	6	8

170

2	1	8	5	9	3	4	6	7
6	9	3	4	7	1	8	5	2
5	4	7	8	6	2	3	1	9
7	2	5	1	4	8	6	9	3
3	6	4	7	5	9	1	2	8
1	8	9	3	2	6	5	7	4
8	3	6	9	1	7	2	4	5
9	5	2	6	8	4	7	3	1
4	7	1	2	3	5	9	8	6

171

7	9	2	3	6	1	8	4	5
5	1	3	8	2	4	6	9	7
6	4	8	9	7	5	1	3	2
4	2	6	5	8	7	9	1	3
8	5	9	1	3	6	2	7	4
3	7	1	4	9	2	5	6	8
1	3	7	2	5	9	4	8	6
2	6	4	7	1	8	3	5	9
9	8	5	6	4	3	7	2	1

172

6	8	4	3	2	9	1	7	5
3	9	2	5	7	1	4	8	6
1	5	7	8	4	6	2	3	9
9	6	8	7	1	2	3	5	4
4	1	5	9	6	3	7	2	8
7	2	3	4	5	8	6	9	1
5	3	1	6	8	7	9	4	2
8	7	6	2	9	4	5	1	3
2	4	9	1	3	5	8	6	7

173

9	8	2	1	6	5	4	3	7
6	7	1	4	2	3	9	8	5
4	3	5	7	9	8	6	1	2
8	2	4	3	1	6	5	7	9
3	6	9	8	5	7	2	4	1
1	5	7	9	4	2	8	6	3
5	9	3	6	8	1	7	2	4
2	1	6	5	7	4	3	9	8
7	4	8	2	3	9	1	5	6

174

9	4	5	2	3	1	6	8	7
7	2	6	9	5	8	3	1	4
8	1	3	7	4	6	2	9	5
4	6	8	1	9	7	5	2	3
1	7	2	5	6	3	8	4	9
3	5	9	4	8	2	1	7	6
6	3	7	8	2	4	9	5	1
5	8	1	6	7	9	4	3	2
2	9	4	3	1	5	7	6	8

175

2	8	9	3	6	1	7	5	4
1	7	5	8	2	4	6	3	9
6	4	3	5	7	9	2	8	1
4	9	2	7	8	5	3	1	6
8	3	1	2	9	6	5	4	7
7	5	6	1	4	3	8	9	2
9	1	7	6	5	8	4	2	3
5	2	4	9	3	7	1	6	8
3	6	8	4	1	2	9	7	5

176

3	2	9	6	8	5	4	7	1
5	8	4	7	1	9	6	2	3
1	6	7	3	2	4	9	5	8
4	5	2	8	9	3	1	6	7
7	9	3	1	5	6	8	4	2
8	1	6	2	4	7	3	9	5
9	3	5	4	7	1	2	8	6
6	4	8	5	3	2	7	1	9
2	7	1	9	6	8	5	3	4

177

6	7	1	8	5	4	2	3	9
2	9	4	3	1	6	5	7	8
5	8	3	7	2	9	1	6	4
4	3	9	2	6	5	8	1	7
1	5	6	9	8	7	4	2	3
8	2	7	1	4	3	6	9	5
3	6	8	5	9	1	7	4	2
7	4	2	6	3	8	9	5	1
9	1	5	4	7	2	3	8	6

178

2	3	1	6	8	4	7	9	5
9	5	8	1	2	7	3	4	6
4	6	7	3	9	5	1	8	2
3	8	9	5	4	6	2	7	1
1	7	5	8	3	2	4	6	9
6	2	4	7	1	9	8	5	3
8	1	6	9	7	3	5	2	4
5	4	3	2	6	8	9	1	7
7	9	2	4	5	1	6	3	8

179

4	2	6	1	3	7	8	5	9
3	8	9	2	6	5	7	1	4
7	1	5	9	8	4	2	6	3
8	5	7	3	9	6	1	4	2
9	3	4	5	2	1	6	7	8
1	6	2	4	7	8	9	3	5
6	9	8	7	5	3	4	2	1
5	7	1	8	4	2	3	9	6
2	4	3	6	1	9	5	8	7

180

3	8	9	1	4	2	7	5	6
2	1	4	7	5	6	9	8	3
7	5	6	3	8	9	1	4	2
4	2	5	6	7	8	3	9	1
6	9	7	5	1	3	4	2	8
1	3	8	9	2	4	5	6	7
9	4	3	2	6	7	8	1	5
8	6	1	4	3	5	2	7	9
5	7	2	8	9	1	6	3	4

181

9	5	6	2	4	1	7	3	8
1	4	7	6	3	8	2	9	5
3	8	2	7	5	9	1	4	6
2	3	4	8	7	6	5	1	9
6	9	8	3	1	5	4	7	2
7	1	5	4	9	2	6	8	3
4	7	9	5	6	3	8	2	1
5	2	1	9	8	4	3	6	7
8	6	3	1	2	7	9	5	4

182

4	8	9	7	6	5	3	2	1
6	5	7	2	1	3	4	8	9
3	2	1	8	9	4	5	6	7
2	9	6	1	5	8	7	3	4
7	1	4	9	3	6	8	5	2
5	3	8	4	2	7	9	1	6
9	4	2	3	8	1	6	7	5
8	7	5	6	4	2	1	9	3
1	6	3	5	7	9	2	4	8

183

8	6	3	5	9	1	7	4	2
5	2	7	8	6	4	1	9	3
1	4	9	7	3	2	8	6	5
6	7	8	2	5	9	4	3	1
4	3	5	1	7	6	2	8	9
2	9	1	3	4	8	6	5	7
3	8	4	9	1	7	5	2	6
9	1	6	4	2	5	3	7	8
7	5	2	6	8	3	9	1	4

184

3	1	4	2	8	9	6	5	7
7	5	9	3	6	4	8	2	1
6	2	8	5	1	7	4	9	3
8	7	5	1	4	2	3	6	9
2	4	6	9	5	3	1	7	8
1	9	3	8	7	6	5	4	2
9	8	7	4	3	5	2	1	6
5	6	1	7	2	8	9	3	4
4	3	2	6	9	1	7	8	5

185

5	7	9	1	3	2	4	6	8
4	6	2	8	5	9	1	3	7
8	3	1	6	4	7	5	9	2
1	2	6	9	8	4	7	5	3
9	8	4	3	7	5	6	2	1
7	5	3	2	6	1	8	4	9
2	4	5	7	9	8	3	1	6
3	1	7	5	2	6	9	8	4
6	9	8	4	1	3	2	7	5

186

4	3	1	5	6	7	2	8	9
7	9	6	8	2	3	1	5	4
2	5	8	9	4	1	3	6	7
8	6	2	4	3	5	7	9	1
3	1	5	6	7	9	4	2	8
9	7	4	2	1	8	5	3	6
6	4	3	1	9	2	8	7	5
5	2	9	7	8	4	6	1	3
1	8	7	3	5	6	9	4	2

187

3	7	5	6	2	1	8	4	9
1	6	9	4	8	5	2	3	7
8	2	4	7	3	9	5	1	6
4	8	6	9	5	7	1	2	3
5	1	7	2	6	3	4	9	8
9	3	2	1	4	8	6	7	5
2	9	1	5	7	6	3	8	4
7	5	8	3	1	4	9	6	2
6	4	3	8	9	2	7	5	1

188

6	2	3	9	1	8	4	7	5
1	7	4	2	3	5	9	8	6
8	5	9	4	6	7	3	2	1
9	1	7	5	4	6	8	3	2
3	4	5	8	2	1	6	9	7
2	8	6	7	9	3	1	5	4
5	9	1	6	8	2	7	4	3
4	3	2	1	7	9	5	6	8
7	6	8	3	5	4	2	1	9

189

6	1	2	9	8	7	3	5	4
3	5	8	1	2	4	7	9	6
7	4	9	3	6	5	1	2	8
1	9	3	8	4	6	5	7	2
2	6	5	7	3	1	8	4	9
8	7	4	2	5	9	6	1	3
4	2	6	5	7	8	9	3	1
5	8	1	4	9	3	2	6	7
9	3	7	6	1	2	4	8	5

190

6	9	2	1	3	4	5	8	7
8	1	7	5	6	2	4	3	9
4	3	5	8	9	7	1	2	6
9	2	1	6	7	3	8	5	4
7	8	4	2	5	9	3	6	1
3	5	6	4	1	8	7	9	2
5	7	9	3	2	1	6	4	8
1	6	8	9	4	5	2	7	3
2	4	3	7	8	6	9	1	5

191

7	1	9	2	8	3	6	4	5
6	4	5	9	7	1	3	2	8
2	8	3	5	6	4	9	7	1
9	7	4	1	3	5	2	8	6
5	6	1	8	4	2	7	3	9
8	3	2	6	9	7	5	1	4
3	5	7	4	1	9	8	6	2
1	2	8	3	5	6	4	9	7
4	9	6	7	2	8	1	5	3

192

5	8	2	7	4	6	1	3	9
1	4	7	8	3	9	2	6	5
6	3	9	1	5	2	4	8	7
8	2	1	3	6	7	9	5	4
3	6	4	2	9	5	7	1	8
7	9	5	4	8	1	6	2	3
2	1	8	5	7	4	3	9	6
4	5	6	9	2	3	8	7	1
9	7	3	6	1	8	5	4	2

193

1	5	7	3	6	8	4	2	9
4	2	9	7	1	5	8	6	3
8	6	3	9	2	4	7	5	1
5	8	1	6	4	3	9	7	2
2	7	4	5	9	1	6	3	8
3	9	6	2	8	7	5	1	4
6	4	5	1	3	9	2	8	7
9	1	2	8	7	6	3	4	5
7	3	8	4	5	2	1	9	6

194

7	5	4	8	1	9	2	6	3
2	1	8	5	3	6	9	7	4
9	3	6	4	2	7	8	1	5
6	2	5	1	7	4	3	8	9
3	8	9	6	5	2	1	4	7
1	4	7	3	9	8	6	5	2
5	7	3	9	6	1	4	2	8
4	9	1	2	8	5	7	3	6
8	6	2	7	4	3	5	9	1

195

5	4	3	1	8	9	2	7	6
1	2	8	5	7	6	9	3	4
6	7	9	4	3	2	1	5	8
7	3	5	8	6	1	4	2	9
4	9	6	7	2	3	5	8	1
8	1	2	9	5	4	7	6	3
2	5	4	6	1	8	3	9	7
9	6	7	3	4	5	8	1	2
3	8	1	2	9	7	6	4	5

196

1	5	2	4	9	8	6	3	7
7	9	6	1	3	5	4	2	8
4	8	3	6	7	2	9	1	5
5	7	4	8	2	6	3	9	1
9	3	8	7	4	1	5	6	2
6	2	1	9	5	3	7	8	4
8	6	5	3	1	4	2	7	9
2	1	7	5	6	9	8	4	3
3	4	9	2	8	7	1	5	6

197

3	9	5	7	8	2	1	4	6
8	7	6	9	1	4	3	5	2
1	2	4	3	5	6	8	9	7
9	8	2	4	3	7	6	1	5
4	3	1	6	2	5	7	8	9
6	5	7	8	9	1	2	3	4
2	1	8	5	7	9	4	6	3
7	4	9	1	6	3	5	2	8
5	6	3	2	4	8	9	7	1

198

4	5	7	1	6	8	9	2	3
3	1	9	4	7	2	5	6	8
8	2	6	3	9	5	4	7	1
1	9	2	6	5	3	7	8	4
6	7	4	9	8	1	2	3	5
5	8	3	7	2	4	6	1	9
9	3	5	2	1	7	8	4	6
7	4	8	5	3	6	1	9	2
2	6	1	8	4	9	3	5	7

199

2	4	6	1	5	7	3	8	9
8	7	3	4	9	6	2	1	5
1	5	9	8	2	3	4	6	7
5	1	2	3	7	4	6	9	8
9	6	8	5	1	2	7	4	3
7	3	4	6	8	9	5	2	1
3	9	5	2	6	8	1	7	4
4	2	7	9	3	1	8	5	6
6	8	1	7	4	5	9	3	2

200

8	1	3	2	4	7	6	5	9
6	5	9	1	8	3	7	4	2
4	2	7	6	5	9	1	8	3
1	3	4	5	9	2	8	7	6
9	7	5	8	3	6	2	1	4
2	6	8	4	7	1	9	3	5
3	8	2	7	6	4	5	9	1
5	9	1	3	2	8	4	6	7
7	4	6	9	1	5	3	2	8